Britta Kummer

Kummers vegetarische Köstlichkeiten

—

einfach nur lecker

Satz: Britta Kummer
Covergestaltung: Britta Kummer
Webseite: http://brittasbuecher.jimdofree.com
E-Mail: info.britta-kummer@t-online.de

Fotos S. 1 und S. 88 © privat
Illustrationen http://pixabay.com/

ISBN: 978-3-7562-0691-9

Herstellung und Verlag:
BoD - Books on Demand,
Norderstedt
www.bod.de

MIX
Papier aus verantwortungsvollen Quellen
Paper from responsible sources
FSC® C105338

Britta Kummer

Kummers vegetarische Köstlichkeiten
—
einfach nur lecker

INHALTSVERZEICHNIS

Dieses Kochbuch hat keine Fotos zu den einzelnen Gerichten.

Ebenso gibt es keine Nährwertangaben, da diese auf fast allen Lebensmitteln angegeben sind.

Alle Rezepte in diesem Buch sind für drei Personen, sofern nicht anders genannt.

Wir schälen die Paprika vor dem Verzehr, da uns die Paprika ohne die harte Schale besser schmeckt. Das ist aber nicht erforderlich und muss jeder selbst für sich entscheiden. Man kann die Haut der Paprika bedenkenlos essen.

Vorwort

In der schnelllebigen Zeit haben viele vergessen, was guter Geschmack ist. Das Fertigprodukt aus dem Supermarkt hat Saison. Dabei ist es so einfach, gesundes und nachhaltiges Essen zuzubereiten und seinem Körper etwas Gutes zu tun.

Deshalb lassen Sie sich von den Rezepten aus diesem Buch inspirieren. Sie sind auch für Kochmuffel geeignet, da sie gut erklärt und ohne Probleme nachzukochen sind. Die Ausrede „das ist viel zu schwer" zählt nicht. Und damit es beim Kochen nicht langweilig wird, werden die Rezepte von Reimen und Geschichten begleitet.

Viel Spaß beim Nachkochen und guten Appetit!

Genuss kennt keine Grenzen

In diesem Buch zeigt ein Genießer sein wahres Gesicht.

Seite für Seite Genuss bei jedem vegetarischen Gericht.

Es gibt sogar Raffiniertes für den verwöhnten Gaumen.

Da heben wir doch gleich hoch den Daumen.

Also lassen Sie sich von diesen Köstlichkeiten verführen,

und genießen sie dann in vollen Zügen.

Salat

Knackig, bunt und vitaminreich. Was will man mehr? Hier sind der Fantasie keine Grenzen gesetzt. Da Salat über das ganze Jahr zu bekommen ist, hat man immer frische Abwechslung auf dem Speiseplan.

Gurken-Zwiebel-Carpaccio

Zutaten für 3 Personen:
- 2 Schlangengurken
- 2 rote Zwiebeln
- 2 weiße Zwiebeln
- 3 EL Olivenöl
- 2 EL Limettensaft
- 2 - 3 Prisen bunter Pfeffer

Zubereitung:
Zwiebeln schälen und in Würfel schneiden.

Olivenöl, Limettensaft und Pfeffer verrühren. Die Zwiebelwürfel unterheben und darin zugedeckt etwa 30 Minuten ziehen lassen.

Schlangengurken waschen. Dann durch einen Spiralschneider drehen.

Gurkenstreifen auf einem Teller anrichten und die Öl-Zwiebelmasse darauf verteilen.

Kohlrabi-Salat

Zutaten für 3 Personen:

- ◆ 400 g Kohlrabi
- ◆ 4 rote Tomaten
- ◆ 4 gelbe Tomaten
- ◆ 1 Zwiebel
- ◆ 3 EL frisch gehackte Schnittlauchröllchen
- ◆ 150 g Joghurt
- ◆ 2 EL Sonnenblumenöl
- ◆ ½ TL Zucker
- ◆ 1 Prise Salz
- ◆ 2 - 3 Prisen Pfeffer

Zubereitung:

Kohlrabi schälen und grob raspeln.

Tomaten waschen, halbieren, Kerne entfernen und die Tomaten in Stücke schneiden.

Zwiebel schälen und klein hacken.

Joghurt, Sonnenblumenöl, Zucker, Salz und Pfeffer verrühren.

Alles zusammen in einer Schüssel vermengen und zugedeckt etwa 30 Minuten ziehen lassen.

Staudensellerie-Salat

Zutaten für 3 Personen:
- 150 g Staudensellerie
- 2 rote Äpfel
- 100 g Pflaumen
- 1 Stange Lauch
- 100 g Gouda
- 200 g Joghurt
- 100 g saure Sahne
- 50 g Aprikosenkonfitüre
- 2 - 3 Prisen Currypulver

Zubereitung:

Staudensellerie putzen, die äußeren Selleriestangen mit einem Sparschäler schälen, um die langen zähen Fasern zu entfernen. Dann die Stangen in 1 - 2 cm breite Scheiben schneiden.

Pflaumen und Äpfel waschen, halbieren, entkernen und das Obst in schmale Spalten schneiden.

Lauch putzen und in dünne Ringe schneiden.

Gouda würfeln.

Joghurt, saure Sahne, Aprikosenkonfitüre und Currypulver verrühren.

Alles zusammen in einer Schüssel vermengen und zugedeckt etwa 30 Minuten ziehen lassen.

Eier-Salat

Zutaten für 3 Personen:

- ♦ 8 Eier
- ♦ 6 gelbe Cocktailtomaten
- ♦ 6 orangene Cocktailtomaten
- ♦ 8 Radieschen
- ♦ 1 Schlangengurke
- ♦ 4 Frühlingszwiebeln
- ♦ 3 EL frisch gehackte Petersilie
- ♦ 200 g saure Sahne
- ♦ 2 EL flüssige Sahne
- ♦ 1 TL süßer Senf
- ♦ 1 - 2 Prisen Salz
- ♦ 1 - 2 Prisen Pfeffer

Zubereitung:

Eier hart kochen, mit kaltem Wasser abschrecken und abkühlen lassen. Tomaten waschen und vierteln.

Radieschen waschen und in Scheiben schneiden.

Schlangengurke schälen, halbieren, Kerngehäuse entfernen und die Gurke dann in Spalten schneiden.

Das äußerste Hüllblatt der Frühlingszwiebeln entfernen und diese in Ringe schneiden.

Saure und flüssige Sahne, Senf, Salz und Pfeffer verrühren.

Eier pellen, in Scheiben schneiden und mit dem Gemüse und der Petersilie vermengen. Das Sahnedressing unterheben und den Salat zugedeckt etwa 30 Minuten ziehen lassen.

Mandarinen-Reis-Salat

Zutaten für 3 Personen:

- ♦ 300 g Reis
- ♦ 1 Bund Frühlingszwiebeln
- ♦ 200 g Mandarinen (Dose)
- ♦ Saft von 2 Limetten
- ♦ 1 EL Rotweinessig
- ♦ 1 Prise Zucker
- ♦ 1 Prise Salz
- ♦ 1 - 2 Prisen Pfeffer

Zubereitung:

Reis nach Packungsangaben zubereiten.

Das äußerste Hüllblatt der Frühlingszwiebeln entfernen und diese in Ringe schneiden.

Mandarinen in einem Sieb abtropfen lassen, dabei den Saft auffangen.

Dann alles zusammen in einer Schüssel vermengen.

Mandarinen- und Limettensaft, Rotweinessig, Zucker, Salz sowie Pfeffer verrühren und mit dem Reissalat vermengen.

Vor dem Verzehr etwas durchziehen lassen.

Möhren-Zucchini-Salat

Zutaten für 3 Personen:

- 4 dicke Möhren
- 2 Zucchini
- 2 EL frische Schnittlauchröllchen
- 300 ml Orangensaft
- 2 EL Olivenöl
- 1 - 2 Prisen Salz
- 1 - 2 Prisen Pfeffer

Zubereitung:

Möhren schälen und mit dem Spiralschneider in feine Streifen schneiden.

Zucchini waschen und ebenfalls mit dem Spiralschneider in feine Streifen schneiden.

Orangensaft, Olivenöl, Salz sowie Pfeffer verrühren und mit den Zucchini- und Möhrenstreifen vermengen.

Möhren-Zucchini-Salat auf Tellern anrichten und mit Schnittlauchröllchen bestreut servieren.

Klatsch im Gemüsekeller

„Hallo Erbse, warum streitest Du mit der Bohne?"

„Ach Möhre, Du hast keine Konkurrenz, du bist immer knackig", antwortet die Erbse traurig. „Die Bohne behauptet, ich sei nicht appetitlich genug und auch meine grüne Farbe sei nicht schön."

„Wenn du gepult bist, bist du die schönste Perle des Gemüses, das weiß doch jeder."

„Ihr habt Sorgen. Was sollen der Blumenkohl und ich sagen", antwortet der Brokkoli. „Wir haben heute Prüfung im Gemüsequiz."

„Blumenkohl mach dir keine Sorgen, wir sind doch ein unschlagbares Team."

„Aber der Lauch, dieser lange dünne Kerl, ist der Prüfer."

Und schon hört man die Frage: „Team Brokkoli-Blumenkohl, bitte nennt mir Wintergemüse."

„Ist doch klar, Rosenkohl und Grünkohl. Denn nur die harten bleiben im Garten."

„Ich sehe die Frage war zu einfach. Und welches Gemüse kann man auch als Gewürz- und Heilpflanze einsetzen und enthält ätherische Öle? Na das wisst Ihr bestimmt nicht."

„Natürlich wissen wir das, das ist der Kollege Fenchel."

„Und jetzt noch eine abschließende Frage. Was gehört zum Wurzelgemüse? Ihr wisst ja, es ist reich an Vitaminen und Mineralstoffen, nahrhaft und gesund."

Noch bevor Brokkoli und Blumenkohl antworten, bringt die Möhre sich ein. „Ich weiß es, ich weiß es. Dazu gehöre ich, die Pastinake, Topinambur, Rettich, Schwarzwurzeln, Rote Bete und auch der Sellerie."

„Sehr gut", antwortet der Lauch.

Nun meldet sich die Kartoffel zu Wort. „Wen interessiert das? Ich bin der Liebling aller und werde besonders gern gegessen. Gefolgt von der Tomate und erst dann kommt ihr anderen. Nur das zählt."

„Du Angeber. Jeder von uns ist besonders. Du weißt doch, uns muss man einfach lieben. Wir fordern die Sinne heraus und schmecken so vielfältig", kontert die Paprika. Wir sind nicht nur eine Beilage - eine Nebenrolle - sondern eine Attraktion.

Suppen und Eintöpfe

Suppen und Eintöpfe machen satt und schmecken zu jeder Jahreszeit. Sie sind so vielfältig. Hier werden der Kochfantasie keine Grenzen gesetzt und man kann sprichwörtlich "sein eigenes Süppchen" kochen!

Gemüse-Nudelsuppe

Zutaten für 3 Personen:

- 200 g Suppennudeln
- 1 Stange Lauch
- 1 Zwiebel
- 2 Möhren
- 200 g Knollensellerie
- 1 Steckrübe
- 2 EL frisch gehackte Petersilie
- 400 ml Gemüsebrühe
- 1 - 2 Prisen Salz
- 2 - 3 Prisen Pfeffer

Zubereitung:

Suppennudeln nach Packungsangabe zubereiten.

Lauch putzen und in Ringe schneiden.

Zwiebel schälen und fein hacken.

Möhren, Knollensellerie und Steckrübe schälen und in kleine Würfel schneiden.

Gemüsebrühe zusammen mit dem Gemüse in einen Topf geben, aufkochen und bei normaler Hitze 15 Minuten köcheln lassen.

Suppennudeln zufügen, mit Salz und Pfeffer würzen und weitere 5 Minuten bei schwacher Hitze ziehen lassen.

Gemüse-Nudelsuppe auf Tellern anrichten und mit Petersilie bestreut servieren.

Kartoffelsuppe

Zutaten für 3 Personen:
- 300 g Kartoffeln
- 1 Stange Lauch
- 1 Möhre
- 1 Pastinake
- 200 g Vegetarische Würstchen nach Wiener Art
- 300 ml Gemüsebrühe
- 150 ml Sojasahne
- 1 - 2 Prisen Muskat
- 1 - 2 Prisen Salz
- 2 - 3 Prisen Pfeffer

Zubereitung:
Kartoffeln, Möhre sowie Pastinake schälen und in Würfel schneiden.
Lauch putzen und in Ringe schneiden.

Vegetarische Würstchen nach Wiener Art in Scheiben schneiden.

Gemüsebrühe mit dem Gemüse in einen Topf geben, aufkochen und bei schwacher Hitze etwa 10 Minuten köcheln lassen. Dann die Suppe fein pürieren.

Sojasahne und Würstchen zufügen, mit Muskat, Salz und Pfeffer würzen und weitere 10 Minuten bei schwacher Hitze köcheln lassen.

Käsesuppe

Zutaten für 3 Personen:

- 200 g vegetarisches Gehacktes
- 1 Stange Lauch
- 200 g weiße Champignons
- 150 g Sahne-Schmelzkäse
- 2 EL Butter
- 200 ml Sojasahne
- 200 ml Gemüsebrühe
- ½ TL Paprikapulver (scharf)
- 1 - 2 Prisen Kräutersalz
- 2 - 3 Prisen Pfeffer

Zubereitung:

Lauch putzen und in Ringe schneiden.

Champignons putzen und in Scheiben schneiden.

Butter in einer Pfanne erhitzen und das vegetarische Gehackte darin zusammen mit dem Paprikapulver scharf anbraten.

Gemüsebrühe, Sojasahne, Lauch, Champignons und Gehacktes mit Bratsud in einen Topf geben und aufkochen. Schmelzkäse zufügen, mit Kräutersalz und Pfeffer würzen und solange köcheln lassen, bis sich der Käse aufgelöst hat.

Süßkartoffel-Linsen-Eintopf

Zutaten für 3 Personen:
- 250 g Linsen (Dose)
- 250 g Süßkartoffeln
- 2 gelbe Möhren
- 6 Frühlingszwiebeln
- 2 EL Tomatenmark
- 150 g stückige Tomaten (Dose)
- 300 ml Gemüsebrühe
- 2 EL Sonnenblumenöl
- ½ TL Currypulver
- 1 - 2 Prisen Paprikapulver (süß)
- 1 - 2 Prisen Salz
- 1 - 2 Prisen Pfeffer

Zubereitung:
Süßkartoffeln schälen und in mundgerechte Stücke schneiden.

Möhren schälen und in Scheiben schneiden.

Das äußerste Hüllblatt der Frühlingszwiebeln entfernen und diese in Ringe schneiden.

Linsen in einem Sieb abtropfen lassen.

Sonnenblumenöl in einem Topf erhitzen und die Möhren darin zusammen mit dem Tomatenmark und Curry anschwitzen.

Gemüsebrühe, Tomaten mit Flüssigkeit, Süßkartoffeln, Linsen, Möhren und Frühlingszwiebeln zufügen und aufkochen.

Mit Paprikapulver, Salz und Pfeffer würzen und bei normaler Hitze etwa 15 Minuten köcheln lassen.

Steckrüben-Kartoffel-Eintopf

Zutaten für 3 Personen:

- 300 g Steckrüben
- 300 g Kartoffeln
- 4 Schalotten
- 1 Knoblauchzehe
- 2 EL Butter
- 400 ml Gemüsebrühe
- 2 EL Sojasoße dunkel
- 2 - 3 Prisen Pfeffer

Zubereitung:

Steckrüben und Kartoffeln schälen und in mundegerechte Stücke schneiden.

Schalotten und Knoblauch schälen und fein hacken.

Butter in einem Topf erhitzen und die Schalotten sowie Knoblauch darin anschwitzen.

Gemüsebrühe zufügen, aufkochen und etwa 20 Minuten köcheln lassen. Sojasoße zufügen, mit Pfeffer würzen und noch weitere 5 Minuten bei schwacher Hitze ziehen lassen.

Papaya-Zucchini-Eintopf

Zutaten für 3 Personen:

- 1 Papaya
- 2 Zucchini
- 200 g Mais (Dose)
- 2 rote Zwiebeln
- 2 EL frisch gehackte Petersilie
- 100 ml Orangensaft
- 200 ml Sojasahne
- 2 EL Sonnenblumenöl
- 1 - 2 Prisen Salz
- 2 - 3 Prisen Pfeffer

Zubereitung:

Papaya schälen, halbieren, entkernen und das Fruchtfleisch in kleine Würfel schneiden.

Zucchini waschen, putzen, halbieren und in Scheiben schneiden.

Zwiebeln schälen, halbieren und in Streifen schneiden.

Mais in einem Sieb abtropfen lassen.

Sonnenblumenöl in einem Topf erhitzen und das Gemüse darin anschwitzen. Mit Salz und Pfeffer würzen.

Sojasahne, Orangensaft und Papaya zufügen und alles bei schwacher Hitze etwa 10 Minuten köcheln lassen.

Papaya-Zucchini-Eintopf auf Tellern anrichten und mit Petersilie bestreut servieren.

Kürbis-Kartoffel-Eintopf

Zutaten für 3 Personen:

- 300 g Kürbis (Hokkaido)
- 300 g Kartoffeln
- 3 Zwiebeln
- 2 EL frisch gehackte Petersilie
- 200 ml Gemüsebrühe
- 200 ml Sojasahne
- 2 EL gelbe Currypaste
- 1 EL Butter
- 1 - 2 Prisen Zucker
- 1 - 2 Prisen Salz
- 2 - 3 Prisen Pfeffer

Zubereitung:

Kürbis schälen, halbieren, die Kerne entfernen und das Fruchtfleisch in Würfel schneiden.

Kartoffeln schälen und ebenfalls würfeln.

Zwiebeln schälen und fein hacken.

Butter in einem Topf erhitzen und die Zwiebeln darin zusammen mit dem Zucker anschwitzen.

Gemüsebrühe, Kürbis, Kartoffeln sowie Sojasahne zufügen und aufkochen. Currypaste einrühren, mit Salz und Pfeffer würzen und alles etwas 20 Minuten köcheln lassen.

Kürbis-Kartoffel-Eintopf auf Tellern anrichten und mit Petersilie bestreut servieren.

Linsen-Eintopf

Zutaten für 3 Personen:

- 350 g braune Linsen (Dose)
- 2 rote Paprika
- 2 Steckrüben
- 1 Bund Frühlingszwiebeln
- 1 EL Tomatenmark
- 400 ml Gemüsebrühe
- 3 EL Sonnenblumenöl
- 1 - 2 Prisen Salz
- 2 - 3 Prisen Pfeffer

Zubereitung:

Linsen in einem Sieb abtropfen lassen.

Paprika schälen, Kerngehäuse entfernen und die Paprika dann in dünne Spalten schneiden.

Steckrüben schälen und in mundgerechte Stücke schneiden.

Das äußerste Hüllblatt der Frühlingszwiebeln entfernen und diese in Ringe schneiden.

Sonnenblumenöl in einem Topf erhitzen und das Gemüse darin zusammen mit dem Tomatenmark anschwitzen.

Gemüsebrühe und Linsen zufügen, aufkochen und bei schwacher Hitze etwa 15 Minuten köcheln lassen. Mit Salz und Pfeffer würzen.

Kartoffel-Rosenkohl-Eintopf

Zutaten für 3 Personen:

- 250 g Kartoffeln
- 250 g Rosenkohl
- 1 Pastinake
- 1 Zwiebel
- 2 EL Creme fraiche
- 400 ml Gemüsebrühe
- 2 - 3 EL Olivenöl
- 1 - 2 Prisen Muskatnuss
- 1 - 2 Prisen Salz
- 2 - 3 Prisen Pfeffer

Zubereitung:

Kartoffeln schälen und in mundgerechte Stücke schneiden.

Rosenkohl waschen und putzen.

Pastinake schälen und in Würfel schneiden.

Zwiebel schälen und fein hacken.

Olivenöl in einer Pfanne erhitzen und die Zwiebel darin zusammen mit der Muskatnuss anschwitzen.

Gemüsebrühe, Kartoffeln, Rosenkohl sowie Pastinake zufügen und aufkochen. Creme fraiche unterheben, mit Salz und Pfeffer würzen und bei mittlerer Hitze etwa 20 Minuten köcheln lassen.

Bohnen-Eintopf

Zutaten für 3 Personen:

♦ 300 g weiße Bohnen (Dose)
♦ 2 Zwiebeln
♦ 1 Stange Lauch
♦ 2 Möhren
♦ 100 g Staudensellerie
♦ 2 EL frisch gehackte Petersilie
♦ 150 g stückige Tomaten (Dose)
♦ 400 ml Gemüsebrühe
♦ 2 EL Sonnenblumenöl
♦ 1 - 2 Prisen Salz
♦ 2 - 3 Prisen Pfeffer

Zubereitung:

Bohnen in einem Sieb abtropfen lassen.

Zwiebeln schälen und fein würfeln.

Lauch putzen und in Ringe schneiden.

Möhren schälen und in Scheiben schneiden.

Staudensellerie putzen, die äußeren Selleriestangen mit einem Sparschäler schälen, um die langen zähen Fasern zu entfernen. Dann die Stangen in 1 - 2 cm breite Scheiben schneiden.

Sonnenblumenöl in einem Topf erhitzen und das Gemüse darin anschwitzen.

Gemüsebrühe und stückige Tomaten mit Flüssigkeit zufügen, aufkochen und bei mittlerer Hitze etwa 10 Minuten köcheln lassen.

Die Hälfte der Suppe aus dem Topf nehmen und fein pürieren. Dann wieder zurück in den Topf geben.

Weiße Bohnen zufügen, mit Salz und Pfeffer würzen und alles auf kleiner Hitze weitere 10 Minuten köcheln lassen.

Bohneneintopf auf Tellern anrichten und mit Petersilie bestreut servieren.

Gemüse

Gemüse muss man einfach lieben. Es fordert die Sinne heraus. Es sieht immer wieder anders aus, riecht appetitlich, ist frisch, anregend und schmeckt so vielfältig. Es lässt sich wunderbar mit anderen Lebensmitteln wie z.B. Getreide kombinieren, und bringt Abwechslung auf den Teller.

Gemüse ist toll

Gemüse so herrlich bunt,
und auch ein toller Geschmack im Mund.
Also ab in den Topf und im Nu
zaubern Sie ein schmackhaftes Ragout.

Möhrenplätzchen

Zutaten für 3 Personen:

♦ 500 g Möhren
♦ 1 EL frisch gehackte Petersilie
♦ 2 Eier
♦ 150 g Mehl
♦ 3 - 4 EL Butter
♦ 1 - 2 Prisen Currypulver
♦ 1 - 2 Prisen Salz
♦ 1 - 2 Prisen Pfeffer

Zubereitung:

Möhren schälen, in Stücke schneiden und vorgaren. Noch warm zerstampfen. Dann abkühlen lassen.

Petersilie, Eier und Mehl mit der Möhrenmasse vermengen. Mit Currypulver, Salz und Pfeffer würzen.

Aus der Masse Plätzchen formen. Butter in einer Pfanne erhitzen und die Plätzchen darin anbraten. Zwischendurch wenden.

Gemüseomelette

Zutaten für 3 Personen:
- 150 g Möhren
- 1 Stange Lauch
- 2 gelbe Paprikae
- 100 g frische Sojasprossen
- 6 Eier
- 2 EL Creme fraiche
- 3 EL Olivenöl
- 2 EL Butter
- 1 - 2 Prisen Ingwerpulver
- 1 Prise Salz
- 1 - 2 Prisen Pfeffer

Zubereitung:

Möhren schälen und grob raspeln.

Lauch putzen und in Ringe schneiden.

Paprika schälen, Kerngehäuse entfernen und die Paprika dann in Würfel schneiden.

Sojasprossen in ein Sieb geben, unter fließendem Wasser gründlich abspülen und abtropfen lassen.

Eier in einer Schüssel verquirlen und mit Salz sowie Pfeffer würzen.

Olivenöl in einer Pfanne erhitzen. ⅓ der Eimasse zufügen und stocken lassen. Omelette aus der Pfanne nehmen und im Ofen warmstellen. Zweites und drittes Omelette zubereiten und ebenfalls warmstellen.

Butter in einer Pfanne erhitzen und das Gemüse zusammen mit dem Creme fraiche darin dünsten. Mit Ingwerpulver würzen. (Das Gemüse sollte noch etwas Biss haben.)

Omeletts aus dem Ofen nehmen, mit der Gemüsemischung belegen und zusammenklappen.

Kartoffel-Paprika-Gulasch

Zutaten für 3 Personen:

- 450 g Kartoffeln
- 3 rote Paprika
- 1 Zwiebel
- 6 Frühlingszwiebeln
- 250 g stückige Tomaten (Dose)
- 2 EL Tomatenmark
- 300 ml Gemüsebrühe
- 2 EL Sonnenblumenöl
- ½ TL Majoran
- 1 TL Paprikapulver (süß)
- 1 - 2 Prisen Kräutersalz
- 2 - 3 Prisen Pfeffer

Zubereitung:

Kartoffeln schälen und in mundgerechte Würfel schneiden.

Paprika schälen, Kerngehäuse entfernen und die Paprika dann in Streifen schneiden.

Zwiebel schälen und fein hacken.

Das äußerste Hüllblatt der Frühlingszwiebeln entfernen und diese in Ringe schneiden.

Sonnenblumenöl in einem Topf erhitzen und die Zwiebeln darin zusammen mit dem Tomatenmark anschwitzen.

Kartoffel, Paprika und Frühlingszwiebeln zufügen und kurz mit dünsten.

Gemüsebrühe und stückige Tomate mit Flüssigkeit zufügen, aufkochen und bei mittlerer Hitze etwa 20 Minuten köcheln lassen. Mit Majoran, Paprikapulver, Kräutersalz und Pfeffer würzen und weitere 5 Minuten ohne Zugabe von Hitze ziehen lassen.

Weißkohlröllchen

Zutaten für 3 Personen:

- ½ Weißkohl
- 1 kleine Zucchini
- 1 Zwiebel
- 60 g Couscous
- 120 g Soft Aprikosen
- 50 g Cashewkerne
- 50 g Frischkäse
- 30 g Creme fraiche
- 200 ml Gemüsebrühe
- 4 EL Olivenöl
- 2 - 3 Prisen Kurkuma
- 1 - 2 Prisen Salz
- 2 - 3 Prisen Pfeffer

Zubereitung:

Weißkohl putzen und den Strunk entfernen. Kohl im Ganzen in reichlich kochendem Wasser halb weich kochen, abtropfen lassen und die Blätter einzeln ablösen. Bei großen Blättern die Mittelrippe flach schneiden.

Zwiebel schälen und fein hacken.

Zucchini waschen und in kleine Würfel schneiden.

Cashewkerne klein hacken.

Aprikosen fein würfeln.

Couscous nach Packungsangaben zubereiten.

2 EL Olivenöl in einer Pfanne erhitzen und die Zwiebeln und Zucchini darin kurz andünsten. Cashewkerne, Aprikosen, Couscous, Frischkäse sowie Creme fraiche unterheben. Alles mit Kurkuma, Salz sowie Pfeffer würzen und 5 Minuten köcheln lassen.

Jeweils ein großes und kleines Kohlblatt aufeinander legen und die Couscousfüllung darauf verteilen. Blätter etwas einschlagen und vorsichtig aufrollen. Mit Küchengarn zusammenbinden.

Restliches Olivenöl in einer Pfanne erhitzen. Kohlröllchen darin rundherum anbraten. Gemüsebrühe zufügen und die Röllchen zugedeckt bei schwacher Hitze etwa 15 Minuten köcheln lassen.

Fenchel-Apfel-Curry

Zutaten für 3 Personen:

- ♦ 350 g Fenchel
- ♦ 1 Zwiebel
- ♦ 1 Knoblauchzehe
- ♦ 3 säuerliche Äpfel
- ♦ 3 EL saure Sahne
- ♦ 250 ml Gemüsebrühe
- ♦ 2 - 3 EL Olivenöl
- ♦ 1 TL süßer Senf
- ♦ ½ TL Currypulver
- ♦ 1 - 2 Prisen Salz
- ♦ 1 - 2 Prisen Pfeffer

Zubereitung:

Außenblätter und den Strunkansatz des Fenchels entfernen. Den Rest dann in schmale Streifen schneiden. Fenchelgrün fein hacken.

Zwiebel und Knoblauchzehe schälen und fein hacken.

Äpfel schälen, Kerngehäuse entfernen und das Fruchtfleisch in Würfel schneiden.

Olivenöl in einer Pfanne erhitzen und Zwiebel sowie Knoblauch darin

anschwitzen.

Gemüsebrühe und Fenchel zufügen, aufkochen und bei schwacher Hitze etwa 10 Minuten köcheln lassen.

Äpfel und saure Sahne unterheben.

Mit Senf, Currypulver, Salz und Pfeffer würzen und noch weitere 5 Minuten köcheln lassen.

Fenchel-Apfel-Curry auf Tellern anrichten und mit etwas Fenchelgrün bestreut servieren.

Gemüse-Frischkäse-Ragout

Zutaten für 3 Personen:

- 400 g Brokkoli
- 1 gelbe Paprika
- 1 rote Paprika
- 1 Zucchini
- 3 EL frisch gehackte Schnittlauchröllchen
- 200 g Kräuterfrischkäse
- 250 ml Gemüsebrühe
- 2 - 3 EL Olivenöl
- ½ TL Paprikapulver (süß)
- 1 - 2 Prisen Salz
- 1 - 2 Prisen Pfeffer

Zubereitung:

Brokkoli waschen, putzen, in Röschen teilen und etwa 10 Minuten garen.

Paprika schälen, Kerngehäuse entfernen und die Paprika dann in Spalten schneiden.

Zucchini waschen, halbieren und in Scheiben schneiden.

Olivenöl in einer Pfanne erhitzen und das Gemüse darin anschwitzen.

Gemüsebrühe zufügen, aufkochen und bei schwacher Hitze 10 Minuten köcheln lassen. Kräuterfrischkäse unterheben, mit Paprikapulver, Salz und Pfeffer würzen und weitere 10 Minuten köcheln lassen.

Gemüse-Frischkäse-Ragout auf Tellern anrichten und mit Schnittlauch bestreut servieren.

Kichererbsen-Gemüse-Curry

Zutaten für 3 Personen:
- 250 g Kichererbsen (Dose)
- 1 Möhre
- 1 Zucchini
- 100 g Staudensellerie
- 250 ml Kokosmilch (Dose)
- 2 EL Creme fraiche
- 2 EL Sonnenblumenöl
- 1 TL Currypulver
- 1 Prise Salz
- 1 - 2 Prisen Pfeffer

Zubereitung:

Kichererbsen in einem Sieb abtropfen lassen.

Möhre schälen und in feine Stifte schneiden.

Zucchini waschen und in Scheiben schneiden.

Staudensellerie putzen, die äußeren Selleriestangen mit einem Sparschäler schälen, um die langen zähen Fasern zu entfernen. Dann die Stangen in 1 - 2 cm breite Scheiben schneiden.

Sonnenblumenöl in einem Topf erhitzen und das Gemüse darin anschwitzen.

Kokosmilch zufügen, mit Currypulver, Salz sowie Pfeffer würzen und aufkochen.

Kichererbsen und Creme fraiche zufügen und bei schwacher Hitze etwa 10 - 15 Minuten köcheln lassen.

Möhren-Pistazien-Couscous

Zutaten für 3 Personen:

- ◆ 300 g Couscous
- ◆ 2 Möhren
- ◆ 200 g gehackte Pistazien
- ◆ 100 ml Orangensaft
- ◆ 1 EL Sonnenblumenöl
- ◆ 1 EL Currypulver
- ◆ 1 - 2 Prisen Salz
- ◆ 2 - 3 Prisen Pfeffer

Zubereitung:

Couscous nach Packungsangabe zubereiten.

Möhren schälen und in sehr feine Stifte schneiden.

Sonnenblumenöl in einer Pfanne erhitzen und die Möhrenstifte darin zusammen mit dem Currypulver anschwitzen.

Couscous, Pistazien sowie Orangensaft zufügen, mit Salz sowie Pfeffer würzen und etwa 10 Minuten köcheln lassen.

Am Ende der Garzeit den Couscous mit einer Gabel leicht auflockern und dann auf Tellern anrichten.

Nudeln

Farfalle, Fettuccine, Fusilli, Maccheroni, Penne, Ravioli, Rigatoni, Spaghetti oder Tortellini. Namen, die jedem geläufig sind. Nudeln sind abwechslungsreiche Alleskönner für den täglichen Genuss, die durch ihre unterschiedlichen Formen und Farben jeder Mahlzeit eine besondere Note sowie ein tolles Aussehen verleihen.

Nudeln kosten nicht viel, lassen sich leicht zubereiten und sind vielseitig verwendbar. Sie schmecken kalt im Salat, warm als Beilage oder in Aufläufen und eignen sich für einfache wie auch für aufwendige Gerichte. Wegen ihres fast neutralen Geschmackes lassen sich Nudeln mit sehr vielen anderen Speisen kombinieren.

Nudelpastete

Zutaten für 3 Personen:
- 200 g Nudeln vom Vortag
- 150 g vegetarische Fleischwurst
- 150 g Champignons (Glas)
- 2 EL getrocknete Schnittlauchröllchen
- 5 Eier
- 2 - 3 Prisen Salz
- 1 - 2 Prisen Knoblauchpulver
- 2 - 3 Prisen Pfeffer
- Butter für die Form

Zubereitung:

Fleischwurst in Würfel schneiden.

Champignons in einem Sieb abtropfen lassen.

Eier verquirlen. Schnittlauchröllchen zufügen und mit Salz, Knoblauchpulver sowie Pfeffer würzen.

Nudeln, Fleischwurst sowie Champignons vermengen und in einer gebutterten Auflaufform verteilen. Das Ei darüber gießen und im vorgeheizten Backofen bei 180 Grad so lange backen, bis das Ei vollkommen gestockt ist.

Vorsichtig die Ränder lösen, dann die Pastete auf ein Brettchen stürzen und in Scheiben schneiden.

Mie-Nudeln in Kokosmilch

Zutaten für 3 Personen:

- 350 g Mie-Nudeln
- 2 Möhren
- 1 rote Zwiebel
- 2 Knoblauchzehen
- 2 dünne Stangen Lauch
- 100 g Sojasprossen (Glas)
- 2 TL Limettensaft
- 400 ml Kokosmilch
- 3 EL Erdnussöl
- 1 - 2 Prisen Kräutersalz
- 1 Prise Cayennepfeffer

Zubereitung:

Mie-Nudeln nach Packungsangabe zubereiten.

Möhren schälen und in feine Stifte schneiden.

Zwiebel und Knoblauchzehen schälen und würfeln.

Lauch putzen und in Ringe schneiden.

Sojasprossen in einem Sieb abtropfen lassen.

Erdnussöl in einem Topf erhitzen und das Gemüse darin kurz anschwitzen. Mie-Nudeln, Sojasprossen und Kokosmilch zufügen, aufkochen und bei schwacher Hitze etwa 10 Minuten köcheln lassen.

Limettensaft zufügen und alles mit Kräutersalz sowie Cayennepfeffer würzen. Ohne Hitze einige Minuten ziehen lassen.

Spaghetti in Ricotta-Sahnesoße

Zutaten für 3 Personen:

- 300 g Spaghetti
- 1 Zwiebel
- 1 Knoblauchzehe
- 2 rote Paprika
- 100 g Ricotta
- 250 ml Sojasahne
- 2 EL Margarine
- 1 Prise Muskatnuss
- 1 Prise Salz
- 2 - 3 Prisen Pfeffer

Zubereitung:

Spaghetti nach Packungsangabe zubereiten.

Zwiebel und Knoblauchzehe schälen und fein hacken.

Paprika schälen, Kerngehäuse entfernen und die Paprika dann in kleine Stücke schneiden.

Margarine in einer Pfanne erhitzen und Zwiebel, Knoblauch und Paprika darin andünsten.

Sojasahne zufügen, mit Muskatnuss, Salz sowie Pfeffer würzen und aufkochen. Ricotta unterheben und bei schwacher Hitze etwa 10 Minuten köcheln lassen.

Nudeln unterheben und noch weitere 5 Minuten köcheln lassen.

Nudeln mit Gemüse und Feta

Zutaten für 3 Personen:

- 250 g Nudeln
- 1 Bund Frühlingszwiebeln
- 100 g Cocktailtomaten
- 150 g Fetakäse
- 350 ml Pasta-Soße mit gegrilltem Gemüse (Glas)
- 1 - 2 Prisen Kräutersalz
- 1 - 2 Prisen bunter Pfeffer

Zubereitung:

Nudeln nach Packungsangaben zubereiten.

Das äußerste Hüllblatt der Frühlingszwiebeln entfernen und diese in Ringe schneiden.

Cocktailtomaten waschen und vierteln.

Fetakäse in Würfel schneiden.

Pasta-Soße zusammen mit den Frühlingszwiebeln in einem Topf erwärmen. Nudeln zufügen und 5 Minuten köcheln lassen.

Tomaten und Feta (bis auf 1 EL) zufügen, mit Kräutersalz und Pfeffer würzen und alles noch weitere 5 Minuten bei schwacher Hitze köcheln lassen.

Nudeln auf Teller anrichten und mit dem restlichen Fetakäse bestreut servieren.

Nudel-Pfanne

Zutaten für 3 Personen:

- 250 g Nudeln
- 250 g TK-Gemüse
- 3 Schalotten
- 2 EL getrocknete Petersilie
- 150 g Brunch Tomate-Ricotta
- 2 EL Wasser
- 2 EL Olivenöl
- 1 - 2 Prisen Knoblauchsalz
- 2 - 3 Prisen Zitronenpfeffer

Zubereitung:

Nudeln nach Packungsangaben zubereiten.

TK-Gemüse antauen lassen, dann mit einem Tuch etwas trockentupfen.

Schalotten schälen und in Ringe schneiden.

Olivenöl in einer Pfanne erhitzen und die Nudeln, TK-Gemüse sowie Schalotten darin anschwitzen. Mit Knoblauchsalz und Zitronenpfeffer würzen.

Brunch Tomate-Ricotta mit dem Wasser verrühren, zu den Nudeln geben und bei schwacher Hitze einköcheln lassen.

Bunte Nudel-Pfanne auf Teller anrichten und mit Petersilie bestreut servieren.

Nudelrollen

Zutaten für 3 Personen:
- 9 Lasagneplatten
- 350 g TK-Blattspinat
- 2 Zwiebeln
- 1 Knoblauchzehe
- 150 g geriebener Parmesan
- 200 g Frischkäse
- 1 Spritzer Sambal Oelek
- 2 EL Olivenöl
- 1 - 2 Prisen Salz
- 2 - 3 Prisen Pfeffer
- Butter für die Form

Zubereitung:
Lasagneplatten nach Packungsangaben zubereiten.

Zwiebeln und Knoblauch schälen und fein hacken.

Olivenöl in einer Pfanne erhitzen und die Zwiebeln sowie Knoblauch darin anschwitzen. Blattspinat und Sambal Oelek zufügen und mit dünsten.

Frischkäse unterheben und gut vermischen. Mit Salz und Pfeffer würzen.

Auf jede Lasagneplatte einen Klecks Spinatfüllung geben und zusammenrollen.

Die Röllchen dicht nebeneinander mit Naht nach unten in eine gebutterte Auflaufform geben. Mit Parmesan bestreuen und im vorgeheizten Backofen bei 180 Grad etwa 20 Minuten überbacken.

Die Backzeit kann je nach Ofentyp etwas variieren.

Ofengerichte

Heiß, duftend und mit einer köstlichen Kruste. Das ist wirklich lecker!

Aufläufe und Gratins erfreuen sich sehr großer Beliebtheit. Sie sind überaus vielseitig und eignen sich hervorragend zur Resteverwertung.

Alles was schmeckt in eine Auflaufform, Ei oder Käse darüber, fertig!

Man kann sie deshalb schnell zubereiten und die meiste Arbeit übernimmt der Ofen. Hier werden der Kochfantasie und Experimentierfreudigkeit wirklich keine Grenzen gesetzt.

Blumenkohl mit Haube

Zutaten für 3 Personen:

- 400 g Blumenkohl
- 2 rote Zwiebeln
- 100 g geriebener Bergkäse
- 100 g Paniermehl
- 100 ml Sojasahne
- 2 EL Sonnenblumenöl
- 1 - 2 Prisen Salz
- 2 - 3 Prisen Pfeffer
- Butter für die Form

Zubereitung:

Blumenkohl waschen, putzen, in Röschen teilen und etwa 10 Minuten garen.

Zwiebeln schälen und in halbe Ringe schneiden.

Paniermehl und Bergkäse vermengen.

Sonnenblumenöl in einer Pfanne erhitzen und die Zwiebeln darin kurz andünsten. Blumenkohl und Sojasahne zufügen, aufkochen, mit Salz und Pfeffer würzen und etwa 5 Minuten bei schwacher Hitze köcheln lassen.

Blumenkohl-Zwiebel-Sahne-Mischung in einer gebutterten Auflaufform verteilen. Paniermehl-Käse-Masse darauf verteilen und im vorgeheizten Backofen bei 180 Grad etwa 10 - 15 Minuten überbacken.

Die Backzeit kann je nach Ofentyp etwas variieren.

Lauch-Eier-Auflauf

Zutaten für 3 Personen:

- 2 dünne Stangen Lauch
- 100 g geriebenen Appenzeller
- 4 Eier
- 2 EL Sonnenblumenöl
- 100 ml Milch
- 200 g Mehl
- ½ Päckchen Backpulver
- 1 - 2 Prisen Salz
- 2 - 3 Prisen Pfeffer
- Butter für die Form

Zubereitung:

Lauch putzen und in Ringe schneiden.

Eier, Sonnenblumenöl und Milch verrühren. Nun das Mehl und Backpulver untermischen.

Lauch sowie Appenzeller unterheben und mit Salz und Pfeffer würzen.

Masse in eine gebutterte Auflaufform geben und im vorgeheizten Backofen bei 180 Grad etwa 35 Minuten überbacken.

Die Backzeit kann je nach Ofentyp etwas variieren.

Rosenkohl-Gehacktes-Auflauf

Zutaten für 3 Personen:
- 400 g Rosenkohl
- 4 Schalotten
- 250 g vegetarisches Gehacktes
- 300 g Kartoffeln
- 100 ml Sojasahne
- 2 EL Frischkäse
- 4 EL Sonnenblumenöl
- 1 - 2 Prisen Salz
- 2 - 3 Prisen Pfeffer
- 1 - 2 Prisen Cayennepfeffer
- Butter für die Form

Zubereitung:

Rosenkohl waschen, putzen und 10 Minuten garen.

Schalotten schälen und fein hacken.

2 EL Sonnenblumenöl in einer Pfanne erhitzen und die Schalotten mit dem Rosenkohl darin kurz anbraten.

Das restliche Sonnenblumenöl in einer zweiten Pfanne erhitzen und das vegetarische Gehacktes darin zusammen mit dem Cayennepfeffer scharf anbraten. Dann mit dem Bratsud zu dem Rosenkohl geben.

Sojasahne mit Frischkäse, Salz und Pfeffer verrühren.

Rosenkohl-Gehacktes-Masse in eine gebutterte Auflaufform füllen.

Kartoffeln schälen, waschen, grob raspeln und auf dem Auflauf verteilen. Mit Sojasahne übergießen und im vorgeheizten Backofen bei 180 Grad etwa 40 Minuten überbacken.

Die Backzeit kann je nach Ofentyp etwas variieren.

Gemüse-Ei-Auflauf

Zutaten für 3 Personen:

- ◆ 2 rote Paprika
- ◆ 1 Fenchel
- ◆ 1 Bund Frühlingszwiebeln
- ◆ 3 Eier
- ◆ 3 Scheiben Gouda
- ◆ 1 - 2 Prisen Knoblauchpulver
- ◆ 1 - 2 Prisen Salz
- ◆ 2 - 3 Prisen bunter Pfeffer
- ◆ Butter für die Form

Zubereitung:

Paprika schälen, Kerngehäuse entfernen und die Paprika dann in Stücke schneiden.

Außenblätter und den Strunkansatz des Fenchels entfernen. Den Rest dann in feine Spalten schneiden.

Das äußerste Hüllblatt der Frühlingszwiebeln entfernen und diese in Ringe schneiden.

Eier verquirlen und mit Knoblauchpulver, Salz sowie Pfeffer würzen.

Gemüse in einer gebutterten Auflaufform verteilen. Ei darüber gießen, den Käse darauf legen und im vorgeheizten Backofen bei 180 Grad etwa 30 Minuten überbacken. (Darauf achten, dass das Ei richtig gestockt ist.)

Die Backzeit kann je nach Ofentyp etwas variieren.

Gemüse-Frischkäse-Auflauf

Zutaten für 3 Personen:
- 400 g TK-Pfannengemüse Bauern Art
- 100 g geriebener Käse
- 2 Eier
- 300 g Frischkäse
- 150 ml Sojasahne
- 1 - 2 Prisen Salz
- 2 - 3 Prisen Pfeffer
- Butter für die Form

Zubereitung:

TK-Pfannengemüse Bauern Art in einem Sieb antauen lassen.

Frischkäse, Sojasahne, Eier, Salz und Pfeffer verrühren. Dann das Gemüse unterheben.

Gemüsemischung in einer gebutterten Auflaufform verteilen. Mit Käse bestreuen und im vorgeheizten Backofen bei 180 Grad etwa 35 Minuten überbacken.

Die Backzeit kann je nach Ofentyp etwas variieren.

Schupfnudel-Auflauf

Zutaten für 3 Personen:
- 250 g Schupfnudeln
- 1 Stange Lauch
- 1 rote Paprika
- 150 g Fetakäse
- 2 EL geriebener Käse
- 2 EL getrocknete Petersilie
- 150 ml Hollandaise legere (Päckchen)
- 1 EL Butter
- 2 - 3 EL Olivenöl
- 1 - 2 Prisen Kräutersalz
- 1 - 2 Prisen bunter Pfeffer

Zubereitung:

Lauch putzen und in Ringe schneiden.

Paprika schälen, Kerngehäuse entfernen und die Paprika dann in mundgerechte Stücke schneiden.

Fetakäse in Würfel schneiden.

Olivenöl in einer Pfanne erhitzen und die Schupfnudeln darin anbraten. Dann in eine gebutterte Auflaufform geben.

Hollandaise legere, geriebener Käse, Lauch, Paprika und Petersilie vermengen. Mit Kräutersalz sowie Pfeffer würzen und dann über die Schupfnudeln geben.

Fetakäse darauf verteilen und im vorgeheizten Backofen bei 180 Grad 20 - 25 Minuten überbacken.

Die Backzeit kann je nach Ofentyp etwas variieren.

Zucchini-Möhren-Auflauf

Zutaten für 3 Personen:

- 300g Zucchini
- 150 g Möhren
- 50 g Fetakäse
- 100 g geriebener Käse
- 3 Eier
- 100 g Grieß
- 1 Päckchen Backpulver
- 50 g Mehl
- 1 - 2 Prisen Salz
- 2 - 3 Prisen Pfeffer
- Butter für die Form

Zubereitung:

Fetakäse würfeln.

Zucchini waschen und grob raspeln.

Möhren schälen und reiben. Dann zusammen mit den Zucchini vermengen.

Eier, Grieß, Backpulver und Mehl verrühren. Mit Salz sowie Pfeffer würzen und unter die Zucchini-Möhren-Masse geben. Nun den Fetakäse unterheben.

Zucchini-Masse in einer gebutterten Auflaufform verteilen. Mit Käse bestreuen und im vorgeheizten Backofen bei 180 Grad etwa 35 Minuten überbacken.

Die Backzeit kann je nach Ofentyp etwas variieren.

Quer Beet

Wie der Name „Quer Beet" schon verrät, finden Sie hier abwechslungsreiche Rezepte für jeden Geschmack, die nicht schwer nachzukochen sind. Gerichte für Groß und Klein, für Jung und Alt.

Würstchengulasch

Zutaten für 3 Personen:
- 600 g Vegetarische Würstchen nach Wiener Art
- 1 Schalotte
- 1 kleine Zucchini
- 1 Bund Frühlingszwiebeln
- 300 g bunte Minipaprika
- 800 g stückige Tomaten (Dose)
- 2 EL Tomatenmark
- 3 EL Sonnenblumenöl
- 1 - 2 Prisen Knoblauchsalz
- 2 - 3 Prisen bunter Pfeffer

Zubereitung:

Würstchen in Scheiben schneiden.

Schalotte fein hacken.

Das äußerste Hüllblatt der Frühlingszwiebeln entfernen und diese in Ringe schneiden.

Zucchini waschen und in kleine Würfel schneiden.

Minipaprika in kleine Stücke schneiden.

Sonnenblumenöl in einem Topf erhitzen und die Schalottenwürfel darin zusammen mit dem Tomatenmark anschwitzen.

Würstchen, Frühlingszwiebeln, Zucchini sowie Paprika zufügen und kurz mit anbraten.

Stückige Tomaten mit Flüssigkeit zufügen und aufkochen. Mit Knoblauchsalz, sowie Pfeffer würzen. Alles bei schwacher Hitze etwa 15 Minuten köcheln lassen.

Kartoffeln mit Radieschen-Kräuterquark

Zutaten für 3 Personen:

- 3 große Kartoffeln
- 6 Radieschen
- 1 Knoblauchzehe
- 1 EL frisch gehackte Petersilie
- 1 EL frische Schnittlauchröllchen
- 300 g Quark
- 50 ml flüssige Sahne
- 1 EL Olivenöl
- 1 Prise Zucker
- 2 Prisen Kräutersalz
- 1 - 2 Prise Pfeffer

Zubereitung:

Kartoffeln waschen, halbieren, die Schnittfläche mit Kräutersalz bestreichen und im vorgeheizten Backofen bei 190 Grad etwa 45 Minuten backen.

Radieschen waschen und in kleine Würfel schneiden.

Knoblauchzehe schälen und fein hacken. Dann zusammen mit den Radieschenwürfeln, Olivenöl, Quark, Sahne, Schnittlauchröllchen und Petersilie vermengen. Mit Zucker und Pfeffer würzen.

Kartoffelhälften auf Teller anrichten und den Petersielen-Kräuterquark darauf verteilen.

Brokkoli-Knödel

Zutaten für 3 Personen:
- 250 g Brokkoli
- 6 alte Brötchen
- 300 ml Milch
- 3 Eier
- 3 Schalotten
- 3 EL frisch gehackte Petersilie
- 3 EL Mehl
- 2 EL Butter

Zubereitung:
Brötchen in Würfel schneiden. In einer Schüssel mit Milch und Eiern verrühren.

Brokkoli putzen und fein hacken.

Schalotten schälen und klein würfeln.

Butter in einer Pfanne erhitzen und den Brokkoli sowie Schalotten darin glasig dünsten. Vom Herd nehmen und abkühlen lassen. Dann mit den eingeweichten Brötchen und Petersilie zu einem Teig verkneten. Diesen 30 Minuten ruhen lassen.

Mehl auf die Arbeitsfläche geben und den Teig darauf zu Knödeln formen. Salzwasser zum Kochen bringen und die Knödel darin 20 Minuten kochen.

Kartoffelkuchen

Zutaten für 3 Personen:

- 600 g Kartoffeln
- 2 dicke Möhren
- 1 Kohlrabi
- 1 Zucchini
- 100 g geriebener Gouda
- 100 g geriebener Edamer
- 6 Eier
- 100 ml Sojasahne
- 2 EL Butter
- 2 - 3 Prisen Salz
- 3 - 4 Prisen bunter Pfeffer
- Butter für die Form
- Springform Ø 24 cm

Zubereitung:

Kartoffeln kochen, pellen, abkühlen lassen und dann in Scheiben schneiden.

Möhren und Kohlrabi schälen, in Scheiben schneiden und vordünsten.

Zucchini waschen und in Scheiben schneiden.

Die Springform mit Butter auspinseln und dann wie folgt füllen:

Kartoffeln, Gouda, Gemüse, Gouda, Kartoffeln, Gemüse.

Eier aufschlagen, Sojasahne unterheben und mit Salz sowie Pfeffer würzen. Dann über das Gemüse geben. Edamer darauf verteilen und im vorgeheizten Backofen bei 180 Grad 45 Minuten überbacken. (Darauf achten, dass das Ei richtig gestockt ist.)

Die Backzeit kann je nach Ofentyp etwas variieren.

Auberginen-Pizza

Zutaten für 3 Personen:

- ◆ 2 Auberginen
- ◆ 2 rote Zwiebeln
- ◆ 30 g geriebener Emmentaler
- ◆ 30 g geriebener Parmesan
- ◆ 30 g geriebener Bergkäse
- ◆ 30 g geriebener Gouda
- ◆ 2 EL frisch gehackte Petersilie
- ◆ 100 ml Tomatensoße
- ◆ 1 EL Butter
- ◆ 1 TL Salz
- ◆ 1 - 2 Prisen Pfeffer

Zubereitung:

Auberginen waschen und in Scheiben schneiden. Mit Salz bestreuen und 5 Minuten ziehen lassen, dann das Salz vorsichtig mit Küchenpapier abwischen. Nun die Auberginenscheiben für 10 Minuten bei 200 Grad backen.

Zwiebeln schälen und fein hacken.

Käse mischen.

Butter in einer Pfanne erhitzen und die Zwiebeln darin anschwitzen. Tomatensoße und Petersilie zufügen, mit Pfeffer würzen und kurz erhitzen.

Die Tomatensoße auf den Auberginenscheiben verteilen. Mit Käse bestreuen und im Backofen bei 200 Grad so lange überbacken, bis der Käse geschmolzen ist.

Herzhafte Muffins

Zutaten für 3 Personen:

◆ 200 g Mehl
◆ 50 g Haferflocken
◆ ½ Päckchen Backpulver
◆ 200 ml Milch
◆ 1 Ei
◆ 50 g geriebener Käse
◆ 4 Frühlingszwiebeln
◆ 100 g Mais (Dose)
◆ 1 Zwiebel
◆ 1 - 2 Prisen Paprikapulver (süß)
◆ 1 - 2 Prisen Salz
◆ 1 - 2 Prisen Pfeffer
◆ Muffinförmchen

Zubereitung:

Mais in einem Sieb abtropfen lassen.

Zwiebel schälen und fein hacken.

Das äußerste Hüllblatt der Frühlingszwiebeln entfernen und diese in Ringe schneiden.

Mehl, Haferflocken und Backpulver vermengen. Dann die Milch und das Ei unterheben.

Käse, Frühlingszwiebeln, Mais und Zwiebel vorsichtig unterheben und mit Paprikapulver, Salz und Pfeffer würzen.

Masse in Muffinförmchen füllen und im vorgeheizten Backofen bei 180 Grad etwa 30 - 35 Minuten backen.

Die Backzeit kann je nach Ofentyp etwas variieren.

Pfannengerichte

Pfannengerichte sind toll und perfekt für die schnelle Alltagsküche: Hier kann man seine Kreativität und Kochfantasie richtig ausleben.

Zuckerschoten-Pfanne

Zutaten für 3 Personen:

- 400 g Zuckerschoten
- 2 Möhren
- 1 rote Peperoni
- 100 g Sesam
- 150 ml Sojasahne
- 2 EL Sonnenblumenöl
- ½ TL Paprikapulver (süß)
- 1 - 2 Prisen Salz
- 1 - 2 Prisen Pfeffer

Zubereitung:

Zuckerschoten waschen und halbieren.

Möhren schälen und in feine Stifte schneiden.

Peperoni waschen, halbieren, entkernen und in feine Würfel schneiden.

Sesam ohne Zugabe von Fett in einer Pfanne rösten.

Sonnenblumenöl in einer Pfanne erhitzen und die Möhren und Peperoni darin anschwitzen. Sojasahne zufügen, aufkochen und bei schwacher Hitze etwa 10 Minuten köcheln lassen.

Zuckerschoten zufügen, mit Paprikapulver, Salz und Pfeffer würzen und weitere 5 Minuten bei schwacher Hitze köcheln lassen.

Zuckerschotenpfanne auf Tellern anrichten und mit Sesam bestreut servieren.

Champignon-Tomaten-Pfanne

Zutaten für 3 Personen:
- ◆ 200 g braune Champignons
- ◆ 200 g weiße Champignons
- ◆ 100 g rote Cocktailtomaten
- ◆ 100 g gelbe Cocktailtomaten
- ◆ 100 g Rucola
- ◆ 2 EL frisch gehackte Petersilie
- ◆ 2 EL geriebener Bergkäse
- ◆ 2 - 3 EL Margarine
- ◆ 200 ml Sojasahne
- ◆ 1 - 2 Prisen Salz
- ◆ 1 - 2 Cayennepfeffer

Zubereitung:

Champignons putzen und halbieren.

Cocktailtomaten waschen.

Rucola waschen und etwas auseinanderzupfen.

Margarine in einer Pfanne erhitzen und die Champignons darin anbraten.

Sojasahne sowie Käse zufügen und aufkochen. Mit Salz und Pfeffer würzen und bei schwacher Hitze etwa 10 Minuten köcheln lassen.

Rucola und Cocktailtomaten zufügen und alles ohne Hitze noch etwas ziehen lassen.

Champignon-Pfanne auf Tellern anrichten und mit Petersilie bestreut servieren.

Zucchini-Pfanne süß sauer

Zutaten für 3 Personen:

- 1 Zucchini
- 150 g Mungobohnenkeimlinge
- 1 rote Zwiebel
- 150 g Reis
- 200 ml süß saure Soße
- 3 EL Rapsöl
- 1 - 2 Prisen Salz
- 1 - 2 Prisen Pfeffer

Zubereitung:

Reis nach Packungsangabe zubereiten.

Zucchini waschen, vierteln und in Scheiben schneiden.

Zwiebel schälen, halbieren und in Ring schneiden.

Mungobohnenkeimlinge in einem Sieb abtropfen lassen.

Rapsöl in einer Pfanne erhitzen und die Zucchini, Zwiebel sowie Mungobohnenkeimlinge darin anschwitzen. Mit Salz und Pfeffer würzen.

Süß saure Soße sowie Reis zufügen, aufkochen und bei schwacher Hitze etwa 10 Minuten köcheln lassen.

Möhren-Pfanne

Zutaten für 3 Personen:

- ♦ 300 g rote Möhren
- ♦ 300 g gelbe Möhren
- ♦ 2 EL frisch gehackte Petersilie
- ♦ 2 EL Butter
- ♦ 200 ml Gemüsebrühe
- ♦ 100 ml Sojasahne
- ♦ 1 EL flüssiger Honig
- ♦ 1 TL Speisestärke
- ♦ 1 - 2 Prisen Salz
- ♦ 2 - 3 Prisen Pfeffer

Zubereitung:

Möhren schälen und in Scheiben schneiden.

Butter in einer Pfanne erhitzen und die Möhren darin zusammen mit dem Honig anbraten.

Gemüsebrühe zufügen, aufkochen und bei schwacher Hitze etwa 10 Minuten köcheln lassen.

Speisestärke mit der Sojasahne, Salz sowie Pfeffer verrühren und zu den Möhren geben. Unter Rühren weiter köcheln lassen, bis das Gemüse bindet.

Möhrenpfanne auf Tellern anrichten und mit Petersilie bestreut servieren.

Blumenkohl-Walnuss-Pfanne

Zutaten für 3 Personen:

♦ 400 g Blumenkohl
♦ 200 g vegetarische Filetstreifen
♦ 150 g gehackte Walnüsse
♦ 200 ml Sojasahne
♦ 4 EL Sonnenblumenöl
♦ 1 - 2 Prisen Kurkuma
♦ 1 - 2 Prisen Kreuzkümmel
♦ 1 - 2 Prisen Salz
♦ 2 -3 Prisen Pfeffer

Zubereitung:

Blumenkohl waschen, putzen, in Röschen teilen und etwa 10 Minuten bissfest garen.

2 EL Sonnenblumenöl in einer Pfanne erhitzen. Blumenkohl und Walnüsse zufügen und darin anbraten. Mit Kurkuma, Kreuzkümmel, Salz und Pfeffer würzen.

In einer zweiten Pfanne mit dem restlichen Sonnenblumenöl die Filetstreifen anbraten.

Sojasahne und Filetstreifen mit Bratsud zu dem Blumenkohl geben, aufkochen und bei schwacher Hitze etwa 10 Minuten köcheln lassen.

Champignon-Pfanne mit Polentawürfel

Zutaten für 3 Personen:
Zutaten für die Polenta:
- 150 g Polenta
- 250 ml Milch
- 250 ml Wasser
- 4 EL Butter
- 2 - 3 Prisen Pfeffer

Zutaten für die Champignonpfanne:
- 300 g braune Champignons
- 1 Bund Frühlingszwiebeln
- 150 ml Sojasoße dunkel
- 3 EL Erdnussöl
- 1 TL Zucker
- 2 - 3 Prisen Pfeffer

Zubereitung:
Wasser und Milch in einem Topf zum Kochen bringen. Polenta unter ständigem Rühren einstreuen und aufkochen lassen. Pfeffer unter die Polenta-Masse heben. Topf vom Herd nehmen und die Polenta etwa 5 Minuten quellen lassen.

Eine kleine Kastenform kalt ausspülen, die Polenta einfüllen und ca. 30 Minuten kalt stellen. Dann aus der Form stürzen und in mundgerechte Würfel schneiden.

Butter in einer Pfanne erhitzen und die Polentawürfel darin goldbraun anbraten. Beiseite stellen.

Champignons putzen und vierteln.

Das äußerste Hüllblatt der Frühlingszwiebeln entfernen und diese in Ringe schneiden.

Erdnussöl in einer Pfanne erhitzen und die Champignons sowie Frühlingszwiebeln darin anschwitzen.

Mit Sojasoße ablöschen. Polentawürfel mit dem Bratsud zufügen, mit Zucker, und Pfeffer würzen und etwa 10 Minuten bei schwacher Hitze köcheln lassen.

Romanesco-Reis-Pfanne

Zutaten für 3 Personen:

- 400 g Romanesco
- 1 rote Paprika
- 200 g Reis
- 100 ml Sojasahne
- 1 TL milde Currypaste
- 2 EL Erdnussöl
- 2 - 3 Prisen Knoblauchsalz
- 2 - 3 Prisen Pfeffer

Zubereitung:

Reis nach Packungsangabe zubereiten.

Romanesco waschen, putzen, in Röschen teilen und etwa 10 Minuten bissfest garen.

Paprika schälen, Kerngehäuse entfernen und die Paprika dann in Streifen schneiden.

Erdnussöl in einer Pfanne erhitzen und den Romanesco und Paprika darin kurz anbraten.

Reis, Sojasahne und Currypaste zufügen, aufkochen und bei schwacher Hitze etwa 15 Minuten köcheln lassen. Mit Knoblauchsalz und Pfeffer würzen.

Ananas-Reis-Pfanne

Zutaten für 3 Personen:
- 250 g Reis
- 2 Möhren
- 1 Stange Lauch
- 2 Paprika
- 1 Zwiebel
- 200 g stückige Ananas (Dose)
- 2 EL Tomatenmark
- 2 EL Sonnenblumenöl
- 1 - 2 Prisen Salz
- 1 - 2 Prisen Pfeffer

Zubereitung:
Reis nach Packungsangabe zubereiten.

Möhren schälen und in dünne Stifte schneiden.

Lauch putzen und in Ringe schneiden.

Paprika schälen, halbieren, Kerngehäuse entfernen und die Paprika dann in mundgerechte Stücke schneiden.

Zwiebel schälen und in Würfel schneiden.

Ananas in einem Sieb abtropfen lassen, dabei den Saft auffangen.

Sonnenblumenöl in einer Pfanne erhitzen und die Zwiebeln darin zusammen mit dem Tomatenmark anschwitzen.

Möhren, Lauch sowie Paprika zufügen und mit dünsten.

Ananassaft und Ananasstücke zufügen, aufkochen und bei schwacher Hitze etwa 10 Minuten köcheln lassen. Reis unterheben, mit Salz sowie Pfeffer würzen und alles bei schwacher Hitze weitere 10 Minuten köcheln lassen.

Chinakohl-Rosinen-Pfanne

Zutaten für 3 Personen:
- 600 g Chinakohl
- 2 EL frisch gehackte Petersilie
- 150 g Rosinen
- 150 ml Orangensaft
- 150 ml Gemüsebrühe
- 3 EL Sonnenblumenöl
- ½ TL Kreuzkümmel
- 1 - 2 Prisen Salz
- 1 - 2 Prisen Cayennepfeffer

Zubereitung:
Chinakohl putzen, waschen, abtropfen lassen und in schmale Streifen schneiden.

Sonnenblumenöl in einer Pfanne erhitzen und den Chinakohl darin anschwitzen. Mit Kreuzkümmel, Salz und Cayennepfeffer würzen.

Gemüsebrühe, Orangensaft und Rosinen zufügen, aufkochen und bei schwacher Hitze 10 Minuten köcheln lassen. (Der Chinakohl sollte noch leicht Biss haben.)

Chinakohl-Rosinen-Pfanne auf Tellern anrichten und mit Petersilie bestreut servieren.

Kleine Kohlkunde

„Mama, hörst du auch das Getuschel nebenan im Gemüselager?"

„Ja Katerchen, es ist jedes Jahr dasselbe. Die Kohlköpfe streiten, wer der Schönste ist. Der Wirsing, mit seinen grünen krausen Blättern, der Rotkohl mit seiner schönen Farbe, der blasse Weißkohl und der Chinakohl mit seinen knackig-zarten und saftigen Blättern."

„Wieso das denn? Schmecken sie nicht alle gut?"

„Natürlich und nicht nur das. Kohl ist gesund, nachhaltig, reich an Vitaminen, gut für die Verdauung und hat wenig Kalorien. Hinzu kommt, dass man Kohl vielseitig verwenden kann. Egal ob als Eintopf, Suppe, Salat oder Hauptgericht, hier macht Kohl überall eine gute Figur. Er soll sogar gegen verschiedene Krankheiten helfen und verfügt über Wirkstoffe, die Entzündungen hemmen. Sie haben also keinen Grund zu streiten, sie sind alle toll.

Tofu

Tofu ist in der Küche ein wahres Allroundtalent. Er ist ein unglaublich abwechslungsreiches Lebensmittel. Wegen seines neutralen Eigengeschmacks kann er vielseitig für fast alle Speisen, wie Hauptgerichte bis zum Nachtisch verwendet werden.

Manch einer der hier im Land von Tofu hört,

meint er ist geschmacklos, was ihn sehr stört.

So etwas hat es früher nicht gegeben.

Doch jetzt gehört es für viele zum Leben.

Vegetarisch ist in aller Mund,

und wie es heißt, ist es auch noch gesund.

Soll ich es probieren oder besser nicht?

Fragen, wo manch einer sich den Kopf drüber zerbricht.

Aber wieso nicht mal etwas Neues versuchen,

wie zum Beispiel einen Kartoffelkuchen?

Also haben Sie Mut und begeben sich auf eine köstliche Reise,

Sie werden sehen, es schadet nicht und vielleicht ändert es sogar Ihre Sichtweise.

Tofu-Apfel-Pfanne

Zutaten für 3 Personen:

- 300 g Räuchertofu
- 2 Zwiebeln
- 3 säuerliche Äpfel
- 2 EL frisch gehackte Petersilie
- 200 ml Sojasahne
- 1 EL süßer Senf
- 3 EL Sonnenblumenöl
- 1 - 2 Prisen Salz
- 1 - 2 Prisen Pfeffer

Zubereitung:

Räuchertofu in mundgerechte Stücke schneiden.

Zwiebeln schälen und fein würfeln.

Äpfel schälen, halbieren, das Kerngehäuse entfernen und das Fruchtfleisch in Würfel schneiden.

Sonnenblumenöl in einer Pfanne erhitzen und den Tofu darin scharf anbraten.

Zwiebel und Apfelstücke zugeben und mitdünsten.

Sojasahne zufügen und aufkochen. Senf unterheben, mit Salz und Pfeffer würzen und alles bei schwacher Hitze 10 Minuten köcheln lassen.

Tofu-Apfel-Senf-Pfanne auf Tellern anrichten und mit Petersilie bestreut servieren.

Fruchtiges Tofu

Zutaten für 3 Personen:
- 400 g Tofu
- 1 Bund Frühlingszwiebeln
- 10 g frischer Ingwer
- 200 g Fruchtcocktail (Dose)
- 3 EL Creme fraiche
- 3 - EL Sonnenblumenöl
- 1 - 2 Prisen Salz
- 2 - 3 Prisen Pfeffer

Zubereitung:

Tofu in mundgerechte Stücke schneiden.

Das äußerste Hüllblatt der Frühlingszwiebeln entfernen und diese in Ringe schneiden.

Ingwer schälen und reiben.

Fruchtcocktail in einem Sieb abtropfen lassen, dabei den Saft auffangen.

Sonnenblumenöl in einer Pfanne erhitzen und den Tofu darin scharf anbraten. Ingwer und Frühlingszwiebeln zufügen und kurz mitbraten.

Fruchtcocktail und Flüssigkeit zufügen. Creme fraiche unterheben, mit Salz und Pfeffer würzen und alles bei schwacher Hitze 10 Minuten köcheln lassen.

Tofu-Champignon-Ragout

Zutaten für 3 Personen:

- 300 g Räuchertofu
- 150 g weiße Champignons
- 150 g braune Champignons
- 2 rote Zwiebeln
- 50 ml Rotwein
- 150 ml Buttermilch
- 2 EL Tomatenmark
- 2 - 3 EL Olivenöl
- 1 - 2 Prisen Salz
- 2 - 3 Prisen Pfeffer

Zubereitung:

Tofu in mundgerechte Stücke schneiden.

Champignons putzen und in Scheiben schneiden.

Zwiebeln schälen und in Würfel schneiden.

Olivenöl in einer Pfanne erhitzen und den Tofu darin zusammen mit den Zwiebeln und Tomatenmark scharf anbraten. Champignons zufügen und 10 Minuten mitbraten.

Buttermilch und Rotwein zufügen. Die Temperatur reduzieren. Mit Salz und Pfeffer würzen und alles etwa 7 - 8 Minuten ziehen lassen.

Tofu in Senfsoße

Zutaten für 3 Personen:

- 300 g Räuchertofu
- 1 Salatgurke
- 2 Möhren
- 200 g Joghurt
- 100 ml Sojasahne
- 1 TL süßer Senf
- 2 - 3 EL Olivenöl
- 1 - 2 Prisen Salz
- 2 - 3 Prisen Pfeffer

Zubereitung:

Tofu in mundgerechte Stücke schneiden.

Salatgurke schälen, halbieren, die Kerne entfernen und die Gurke dann in 1 cm dicke Scheiben schneiden.

Möhren schälen und in dünne Stifte schneiden.

Joghurt, Sojasahne und Senf verrühren.

Olivenöl in einer Pfanne erhitzen und den Tofu darin scharf anbraten. Gurke, Möhren und Joghurtsahnesoße zufügen, aufkochen und bei schwacher Hitze etwa 15 Minuten köcheln lassen. Mit Salz und Pfeffer würzen.

Tofu-Hirse-Topf

Zutaten für 3 Personen:
- 200 g Tofu
- 150 g Hirse
- 1 Zwiebel
- 1 Knoblauchzehe
- 100 g Kohlrabi
- 6 Frühlingszwiebeln
- 50 ml Gemüsebrühe
- 3 EL geschälte Erdnusskerne
- 2 - 3 EL Butter
- 2 - 3 Prisen Paprikapulver (süß)
- 2 - 3 Prisen Salz
- 2 - 3 Prisen Cayennepfeffer

Zubereitung:
Hirse nach Packungsangabe zubereiten.

Tofu in mundgerechte Stücke schneiden.

Zwiebel sowie Knoblauchzehe schälen und fein hacken.

Kohlrabi schälen und in dünne Spalten schneiden.

Das äußerste Hüllblatt der Frühlingszwiebeln entfernen und diese in Ringe schneiden.

Butter in einer Pfanne erhitzen und den Tofu darin scharf anbraten.

Gemüse und Gemüsebrühe zufügen, aufkochen und bei schwacher Hitze so lange köcheln lassen, bis das Gemüse fast gar ist (es sollte noch etwas Biss haben).

In der Zwischenzeit die Erdnüsse ohne Zugabe von Fett rösten.

Hirse mit dem Gemüse vermengen, mit Paprikapulver, Salz sowie Cayennepfeffer würzen und noch 2 - 3 Minuten ziehen lassen.

Tofu-Topf auf Tellern anrichten und mit Erdnüssen bestreut servieren.

Tofu-Kokos-Curry

Zutaten für 3 Personen:

- 400 g Tofu
- 2 Zwiebeln
- 1 rote Paprika
- 10 g frischer Ingwer
- 1 Bund Frühlingszwiebeln
- 2 EL Tomatenmark
- 200 g stückige Tomaten (Dose)
- 300 ml Kokosmilch (Dose)
- 100 ml Orangensaft
- 2 EL Sonnenblumenöl
- ½ TL Kreuzkümmelpulver
- 1 TL Currypulver
- 1 - 2 Prisen Salz
- 2 - 3 Prisen Pfeffer

Zubereitung:

Tofu in mundgerechte Stücke schneiden.

Zwiebeln schälen und fein hacken.

Paprika schälen, Kerngehäuse entfernen und die Paprika in Würfel schneiden.

Ingwer schälen und reiben.

Das äußerste Hüllblatt der Frühlingszwiebeln entfernen und diese in Ringe schneiden.

Sonnenblumenöl in einer Pfanne erhitzen und die Zwiebeln und Paprika darin anbraten. Mit Salz und Pfeffer würzen.

Ingwer zufügen. Alles mit Kreuzkümmel- und Currypulver bestreuen und unter Rühren einige Minuten anschwitzen.

Tomatenmark, stückige Tomaten mit Flüssigkeit, Kokosmilch und Orangensaft zufügen und aufkochen. Tofu sowie Frühlingszwiebeln zufügen und alles bei schwacher Hitze etwa 10 Minuten köcheln lassen.

Dessert im Glas

Was ist der krönende Abschluss eines jeden Menüs? Für die meisten Menschen ist die Antwort ganz klar: Das Dessert! Kinder bekommen glänzende Augen, wenn davon die Rede ist und auch Erwachsene lassen sich allzu gern damit verwöhnen.

Eine ganz besondere Dessert-Variante ist die im Glas. Kleine kreative Leckereien, die nicht nur gut schmecken, sondern auch aussehen.

Preiselbeer-Vanillejoghurt-Dessert im Glas

Zutaten für 3 Personen:
- 250 g Preiselbeeren
- 100 g Haferkekse
- 250 Vanillejoghurt
- 50 g Vollmilchschokolade
- 2 - 3 EL Cranberrynektar

Zubereitung:

Haferkekse zerbröseln und mit dem Cranberrynektar beträufeln.

Vanillejoghurt cremig rühren.

Vollmilchschokolade fein raspeln.

Die Keksbrösel auf dem Boden der Gläser verteilen. Nun darauf die Preiselbeeren und den Vanillejoghurt geben.

Das Dessert mit den Schokoladenraspeln bestreuen.

Apfelmus-Pflaumenquark-Dessert im Glas

Zutaten für 3 Personen:

- 250 g Apfelmus
- 50 g Haferkekse
- 200 g Pflaumen-Zimt-Quark
- 50 g Vollmilchschokolade
- 80 g gehackte Pistazien
- 2 - 3 EL Apfelsaft

Zubereitung:

Haferkekse zerbröseln und mit dem Apfelsaft beträufeln.

Pflaumen-Zimt-Quark cremig rühren.

Vollmilchschokolade fein raspeln.

Die Keksbrösel auf dem Boden der Gläser verteilen. Nun darauf das Apfelmus und die Hälfte des Quarks geben. Dann die Schokoladenraspel darauf streuen. Darauf den restlichen Quark verteilen.

Das Dessert mit den gehackten Pistazien bestreuen.

Mandarinen-Quark-Dessert im Glas

Zutaten für 3 Personen:
♦ 250 g Löffelbiskuit mit Zuckerkruste
♦ 150 g Mandarinen (Dose)
♦ 250 g Pirsich-Maracuja-Quark
♦ 1 - 2 EL Orangensaft

Zubereitung:
Löffelbiskuit zerbröseln und mit dem Orangensaft beträufeln.

Mandarinen in einem Sieb abtropfen lassen. Dann die Mandarinen trocken tupfen und bis auf 4 Stück klein schneiden.

Pfirsich-Maracuja-Quark cremig rühren.

Die Hälfte der Biskuitbrösel auf dem Boden der Gläser verteilen. Nun die Hälfte der Mandarinen und dann die Hälfte des Quarks darauf geben. Jetzt die restlichen Biskuitbrösel und die übrig gebliebenen Mandarinen sowie Quark darauf verteilen.

Das Dessert mit einer ganzen Mandarinenscheibe garnieren.

Cheesecake-Dessert im Glas

Zutaten für 3 Personen:
- 150 g Löffelbiskuit mit Zuckerkruste
- 200 g fettarmer Frischkäse
- 150 g Joghurt
- 100 g Marmelade Pflaume-Lebkuchen
- 1 Päckchen Vanillezucker
- 50 g Vollmilchschokolade
- 1 - 2 EL Orangensaft

Zubereitung:
Löffelbiskuit zerbröseln und mit dem Orangensaft beträufeln.

Frischkäse, Joghurt und Vanillezucker cremig rühren.

Vollmilchschokolade grob hacken.

Biskuitbrösel auf dem Boden der Gläser verteilen. Nun darauf die Hälfte der Marmelade geben. Jetzt die Hälfte der Frischkäse-Joghurt-Masse darauf verteilen. Dann die restliche Marmelade sowie Frischkäse-Joghurt-Masse darauf verteilen.

Das Dessert mit den Schokoladenraspeln bestreuen.

Apfel-Birnen-Quark-Dessert im Glas

Zutaten für 3 Personen:

- 2 Äpfel
- 2 Birnen
- 3 Scheiben Pumpernickel
- 250 g Quark
- 100 ml Milch
- 2 EL gehackte Nüsse
- 1 EL flüssiger Honig
- 1 Päckchen Vanillezucker

Zubereitung:

Äpfel und Birnen schälen, halbieren, das Kerngehäuse entfernen und das Fruchtfleisch dann in kleine Würfel schneiden. Zusammen in einer Pfanne mit dem Honig karamellisieren lassen.

Nüsse ohne Zugabe von Fett in einer weiteren Pfanne rösten.

Pumpernickel toasten und nach dem Abkühlen fein zerkrümeln.

Quark, Milch und Vanillezucker cremig rühren.

Quarkcreme, Pumpernickel, Apfel-Birnen-Masse und Nüsse schichtweise in Gläser füllen.

Erdbeer-Quark-Dessert im Glas

Zutaten für 3 Personen:

♦ 500 g Quark
♦ 250 g Erdbeeren
♦ 4 EL Milch
♦ 1 Tütchen Vanillezucker
♦ 80 g gehackte Pistazien

Zubereitung:

Quark mit Milch und Vanillezucker cremig rühren.

Erdbeeren waschen und grob pürieren.

Die Hälfte des Quarks auf dem Boden der Gläser verteilen. Nun die Hälfte des Erdbeerpürees darauf verteilen. Den Vorgang wiederholen.

Das Dessert mit den gehackten Pistazien bestreuen.

Himbeer-Mascarpone-Dessert im Glas

Zutaten für 3 Personen:

- ♦ 200 g Himbeeren
- ♦ 150 g Cornflakes
- ♦ 100 ml Milch
- ♦ 100 g Mascarpone
- ♦ 1 EL Zitronensaft
- ♦ 2 EL flüssiger Honig

Zubereitung:

Himbeeren waschen, trockentupfen und halbieren.

Cornflakes etwas zerbröseln.

Mascarpone, Milch, Honig und Zitronensaft cremig rühren.

Die Cornflakes auf dem Boden der Gläser verteilen. Nun darauf die Hälfte der Mascarpone und Hälfte der Himbeeren verteilen. Den Vorgang wiederholen.

Amarettini-Birnen-Dessert im Glas

Zutaten für 3 Personen:
- 3 Birnen
- 150 g Amarettinis
- 100 g Zucker
- 1 Vanilleschote
- ½ Päckchen Vanillezucker
- 2 EL Ahornsirup
- 2 EL Zitronensaft
- 100 ml flüssige Sahne

Zubereitung:
Birnen schälen, vierteln und das Kerngehäuse entfernen. Dann die Birne in Würfel schneiden.

Vanilleschote längs aufschneiden und das Mark herauskratzen.

Amarettinis zerbröseln.

Zitronensaft und Ahornsirup in einem Topf erhitzen. Birnen, Vanillemark und Zucker einrühren, aufkochen und bei schwacher Hitze etwa 10 Minuten köcheln lassen. Dann die Masse pürieren und abkühlen lassen.

Sahne mit dem Vanillezucker steif schlagen.

Amarettinis in Gläser füllen. Darauf das Birnenmus verteilen. Nun die Sahne darauf verteilen.

Vor dem Verzehr ca. 1 Stunde in den Kühlschrank stellen.

Die Verschwörung der Kalorien

Die Lieblingsbeschäftigung von Frau Fröhlich war das Essen. Sie genoss alles, was ihr Herz begehrte. Aber sie konsumierte zu viel, viel zu viel …

Eines Tages bemerkte sie Rundungen an ihren Hüften, die bisher noch nicht dort waren. Spontan probierte sie ihre Kleidung an. Und siehe da, alles war zu eng. Guter Rat war teuer. »Ich muss auf die Waage«, dachte sie sich. Gesagt getan. Als sie dann die angezeigte Gewichtszahl sah, trieb es ihr die Röte ins Gesicht und Tränen kullerten aus ihren Augen.

»Oh je!«, stöhnte sie. »So kann es nicht weitergehen. Die übermäßigen Pfunde müssen weg.«

Alle unnötigen Kalorien müssen nun endlich vermieden werden, redete sie sich eisern ein. Was nicht leicht war, denn Frau Fröhlich liebte es, nach Herzenslust zu speisen. Es war die Höchststrafe für sie, auf alles Leckere zu verzichten.

Ihre Freundin erzählte ihr einmal, dass es nicht an den Kalorien liegt, wenn sie zunimmt, sondern dass es die kleinen Wichtel sind, die nachts im Schrank die Kleidung enger nähen.

Ungläubig schaute Frau Fröhlich ihre Freundin damals an und musste schmunzeln. »Es gibt doch keine Wichtel«, antwortete sie amüsiert.

Warum sie gerade jetzt daran dachte, als sie sich in die viel zu enge Hose zwängen wollte, wusste sie auch nicht. »Gibt es sie vielleicht doch?«, überlegte Frau Fröhlich. Also warf sie einen kurzen Blick in ihren Schrank und zweifelte im selben Moment an ihrem Verstand.

Die kleinen Wichtel hatten sich in einer Ecke des Schrankes versteckt und alles mitbekommen. Sie rieben sich die Hände, da in der nächsten Nacht viel Arbeit anfiel, um auch noch den Rest der Kleidung enger zu machen.

Am nächsten Tag stieg Frau Fröhlich erneut auf die Waage. Das angezeigte Gewicht war sogar noch höher als am Tag zuvor. Sie versuchte erneut ihre Jeans anzuziehen. Aber es klappte nicht, sich dort hineinzuzwängen. Sie schimpfte laut: »Jetzt reicht es! So kann es nicht weitergehen. Jetzt wird gehungert. Ich platze ja bald.«

Frau Fröhlich verbannte alle Köstlichkeiten und schaffte es tatsächlich, ihr Hungern für mehrere Tage durchzuziehen. Sie aß zwar hier und da mal etwas Obst oder Salat, mehr stand aber nicht auf ihrem Speiseplan.

Die Wichtel waren darüber überhaupt nicht begeistert. Denn es ist für sie unerträglich, nichts zu tun zu haben.

»Wir sind arbeitslos. Was sollen wir nun machen? Wenn das so weitergeht, werden wir vor lauter Langeweile noch verrückt. Schlimmer noch! Vielleicht müssen wir uns auch einen neuen Schrank suchen, damit wir wieder etwas zu tun haben«, stellte ein Wichtel traurig fest.

Auf einmal hob einer der Kerlchen seinen Finger und hüpfte aufgeregt von einem Bein auf das andere. Verwirrt schauten ihn alle an.

»Ich habe eine ausgezeichnete Idee!«

»Na da sind wir aber neugierig«, antworteten sie wie im Chor. »Dann erzähl mal.«

»Ganz einfach. Zuerst machen wir einen Deal mit der Waage, damit Frau Fröhlich glaubt, ihr Fasten hat sich gelohnt. Und um ihren Glauben noch zu verstärken, vergrößern wir die Kleidung wieder, und zwar noch größer als vorher. Was meint ihr, wie sie sich morgen freut, wenn alles noch besser als vorher passt.«

Gesagt, getan und die Reaktion von Frau Fröhlich war genau so, wie die Wichtel vorausgesehen hatten. Als die gute Frau nämlich die Anzeige der Waage begutachtete, musste sie sich ihre Augen reiben. Sie konnte einfach nicht glauben, was sie da sah. Fast hätte sie vor lauter Begeisterung einen Luftsprung gemacht.

Die Wichtel beobachteten alles genau durch einen kleinen Spalt im Schrank und klatschten vor Freude in die Hände. Ihr Job war gerettet. Sie mussten nicht umziehen, was für ein Glück.

Eigentlich könnte Frau Fröhlich einem leidtun, dass sie auf die List hereingefallen ist.

Da die Wichtel umgedacht hatten, brauchten sie keine Angst mehr zu haben, arbeitslos zu werden. Sie änderten jetzt die Kleidung immer genau so, dass ihr Mensch glücklich war. Heißt: Passte mal was nicht, wurde alles größer gemacht. War die Kleidung etwas zu groß, wurde sie enger gemacht und Frau Fröhlich glaubte, dass es daran lag, weil sie eisern auf alle Köstlichkeiten verzichtet hatte. Diese neue Methode verbreitete sich in Windeseile unter allen Wichteln.

Es sind wirklich kleine Teufel, aber so sorgten sie dafür, dass der Mensch seine Freude am Essen nicht verliert.

Denkt mal darüber nach. Vielleicht kommt euch das bekannt vor. Falls ja, müsst auch ihr euch eingestehen, dass ihr auf die Verschwörung dieser kleinen listigen Kerlchen reingefallen seid.

Die Geschichte des Vegetarismus

Schon vor zirka 2500 Jahren hat sich der Mensch Gedanken darüber gemacht, ob Tiere gegessen werden sollten.

Der griechische Gelehrte Pythagoras, der um 570 bis 550 vor Christus lebte, sagte: „Alles, was der Mensch den Tieren antut, kommt auf den Menschen zurück."

Pythagoras verabscheute nicht nur die religiösen Tieropfer, sondern war auch der Meinung, der Mensch sollte keine Tiere essen.

Liest man die Bibel, findet man kein ausdrückliches Verbot von Fleisch, aber mit dem Spruch „Du sollst nicht töten" hätte sich Gott etwas präziser ausdrücken können.

Das Wort „Vegan" leitet sich aus den lateinischen Begriffen vegetare (leben, wachsen, beleben) und vegetus (frisch, lebendig, ganz gesund) ab. Die erste Vegane Gesellschaft wurde 1944 von Donald Watson in England gegründet.

Es hält sich auch das Gerücht, dass das Wort „Vegetarier" aus dem Indianischen kommt. Wörtlich übersetzt, soll es heißen: „Der, der ohne Beute heimkommt".

Der Vegetarismus entstand in Indien sowie auch im östlichen Mittelmeerraum. Dort war er von Anfang an ein Bestandteil religiös-philosophischer Bestrebungen.

Im Mittelalter konnte sich die Bewegung wenig durchsetzen, erst im Zeitalter der Aufklärung sorgten prominente Vertreter wie Voltaire (1694 bis 1778, französischer Philosoph und Schriftsteller) und Rousseau (1712-1778, Genfer Schriftsteller, Philosoph und Komponist) für mehr Aufmerksamkeit.

1867 wurde im Harz (Nordhausen) eine „Vegetarische Vereinigung" gegründet.

Durch die Homöopathie bekam der Vegetarismus Auftrieb und erreichte nach dem ersten BSE-Fall in Deutschland im Jahr 2000 seinen Höhepunkt. Zu dieser Zeit ernährten sich laut Schätzungen rund 15 Prozent der Deutschen vegetarisch.

Der Vegetarismus schließt Nahrungsmittel, die von Tieren produziert werden (Eier, Milchprodukte oder Honig), nicht grundsätzlich aus.

Erst im 6. Jahrhundert v. Chr. wurde der Vegetarismus in Europa bezeugt.

Vegetarier waren Orphiker – eine religiöse Bewegung, die sich in Griechenland verbreitete.

Die Motivation der Orphiker war ihre Seelenwanderungslehre, die eine höhere Einschätzung des Werts tierischen Lebens zu Grunde legt.

Als Begründer der vegetarischen Bewegung in Deutschland gilt Gustav Struve. Struve (1805-1870) wurde durch den Roman „Émile" (Jacques Rousseaus) zu dieser Lebensweise motiviert.

Gegner des Vegetarismus war der Wortführer „Clodius" von Neapel.

Es heißt: Clodius verfasste im 1. Jahrhundert v. Chr. ein Dokument, worin er darauf verwies, dass unter anderem manche tierischen Nahrungsmittel auch für Heilzwecke benötigt würden. Das zweite Argument von Clodius sagt, dass zwischen Menschen und Tieren ein naturgegebener und gerechter Krieg herrsche, weil die Tiere Menschen angreifen oder die Ernte zerstören würden.

Im 19. Jahrhundert gewann die vegetarische Bewegung an Bedeutung und zahlreiche Vereine wurden gegründet.

Die vegetarische Küche ist vielfältig, schmackhaft, ausgewogen, bunt und gesund. Sie bringt Abwechslung auf den Speiseplan und zeigt, dass man komplett auf Fleisch und Fisch verzichten kann, ohne etwas zu vermissen. Denn vegetarisches Essen ist keineswegs langweilig.

Früher wurden Vegetarier meist belächelt, aber die stetig steigenden Zahlen zeigen, es muss doch mehr an der fleischfreien Ernährung dran sein als nur eine Modeerscheinung. Eine Frage, die sich jeder nur selbst beantworten kann.

Formen vegetarischer Ernährung

Es gibt verschiedene Arten, sich vegetarisch zu ernähren. Hier ein paar Formen:

OVO-LAKTO – Vegetarier
Gegessen werden: pflanzliche Lebensmittel, Milchprodukte, Eier, Honig
Verzichtet wird auf: Fleisch, Fisch, Geflügel, Schlachtnebenprodukte, Meerestiere

LAKTO – Vegetarier
Gegessen werden: pflanzliche Lebensmittel, Milchprodukte, Honig
Verzichtet wird auf: Fleisch, Fisch, Geflügel, Schlachtnebenprodukte, Meerestiere, Ei

OVO – Vegetarier
Gegessen werden: pflanzliche Lebensmittel, Eier, Honig
Verzichtet wird auf: Fleisch, Fisch, Geflügel, Schlachtnebenprodukte, Meerestiere, Milchprodukte

VEGANER
Gegessen werden: pflanzliche Lebensmittel
Verzichtet wird auf: Fleisch, Fisch, Geflügel, Schlachtnebenprodukte, Meerestiere, Milchprodukte, Eier, Honig

PESCETARIER
Gegessen werden: pflanzliche Lebensmittel, Fisch, Meerestiere, Eier, Milchprodukte
Verzichtet wird auf: Fleisch, Geflügel, Schlachtnebenprodukte

FLEXITARIER

Flexitarier sind sogenannte Teilzeit-Vegetarier.

2003 wurde das Wort „Flexitarismus" von der amerikanischen Dialect Society zum nützlichsten Wort des Jahres gewählt. Das Wort bedeutet: Vegetarier, die nur gelegentlich Fleisch essen.

Für Flexitarier spielt die Qualität der Nahrung sowie die artgerechte Tierhaltung eine wichtige Rolle.

Rezeptidee aus
„Zauberhafte Gerichte aus der Koboldküche"

Buchbeschreibung:
Was steht wohl bei einem Kobold alles auf dem Speiseplan?
Nepomuck gewährt Einblick in seine Küche und verrät so manches bisher geheim gehaltene Rezept.
Die Gerichte sind ein wahrer Gaumenschmaus.
Darüber hinaus hält das Büchlein noch ein paar Überraschungen parat.
Nepomuck wünscht gutes Gelingen und ganz viel Spaß!

Taschenbuch: 100 Seiten
Verlag: Books on Demand
ISBN-10: 3735792154
ISBN-13: 978-3735792150
Auch als E-Book erhältlich!

Fruchtiger Salat

Zutaten für 4 Personen:

- ♦ 1 kleiner Eisbergsalat
- ♦ 2 EL Zitronensaft
- ♦ 2 EL Sonnenblumenöl
- ♦ 1 reife Birne
- ♦ 10 gehackte Walnüsse
- ♦ wenig Salz

Zubereitung:

Den gewaschenen Salat fein schneiden.

Aus Salz, Öl und Zitronensaft eine Marinade zubereiten und mit der in Würfel geschnittenen Birne und den Walnüssen unter den Salat mischen.

Rezeptidee aus „Vegetarisches Grillvergnügen – so einfach geht´s"

Buchbeschreibung:
Jeder denkt, wenn er das Wort grillen hört, sofort an saftige Steaks, Burger und Würstchen. Und der Vegetarier bekommt die Beilage. Falsch gedacht!
Auch als Vegetarier kann man die Grillsaison in vollen Zügen genießen, wie die Rezepte in diesem Kochbuch zeigen.
Und natürlich gibt es auch Ideen für leckere Salate, Butter und Dips, denn die dürfen bei einem richtigen Grillvergnügen auf keinen Fall fehlen.
Bestimmt werden diese vegetarischen Köstlichkeiten auch bei Ihnen die Lust aufs Grillen wecken. Also dann nichts wie ran an den Grill und los!

Taschenbuch: 96 Seiten
Verlag: Books on Demand
ISBN-10: 3752683953
ISBN-13: 978-3752683950
Auch als E-Book erhältlich!

Kichererbsen-Burger

Zutaten:

- 200 g Kichererbsen (Dose)
- 2 Schalotten
- 1 EL frisch gehackte Petersilie
- 100 g Quark
- 2 Eier
- 150 g Paniermehl
- 1 - 2 Prisen Salz
- 2 - 3 Prisen Pfeffer
- 6 EL Sojaöl
- Grillschale

Zubereitung:

Kichererbsen in einem Sieb abtropfen lassen. Dann zusammen mit dem Quark nicht zu fein pürieren.

Schalotten schälen und fein hacken. Dann zusammen mit der Petersilie, Eiern, Paniermehl, Kichererbsen-Masse, Salz und Pfeffer vermengen. Bratlinge daraus formen und mit 4 EL Sojaöl von beiden Seiten bepinseln.

Die Grillschale mit dem restlichen Sojaöl auspinseln und die Kichererbsen-Burger hineinlegen. Die Schale auf den heißen Grill legen und die Burger darin unter mehrmaligem Wenden 8 Minuten grillen.

Rezeptidee aus „Köstlich vegetarisch – Meine Lieblingsgerichte"

Buchbeschreibung:
In diesem Kochbuch hat die Autorin Rezepte zusammengestellt, die bei ihr ganz oben auf der Speisekarte stehen.

Vegetarische Gerichte, die auch Freunde und Familie überzeugt haben, obwohl diese nicht alle Vegetarier sind.

Über Salat, Suppen und Eintöpfe, Snacks und Fingerfood, Gemüse, Nudeln, Ofengerichte und Süßes ist alles dabei.

Also lassen Sie sich inspirieren und probieren es aus, denn vegetarisches Essen ist keineswegs langweilig.

Viel Spaß beim Nachkochen und guten Appetit.

Taschenbuch: 84 Seiten
Verlag: Books on Demand
ISBN-10: 3751993827
ISBN-13: 978-3751993821
Auch als E-Book erhältlich!

Radicchio-Weintrauben-Salat

Zutaten für 2 Personen:

Für den Salat:

- 200 g Radicchio
- 100 g kleine kernlose Weintrauben
- 2 EL geriebener Parmesan
- 100 g Mandelstifte

Für das Dressing:

- 2 EL Walnussöl
- 1 EL Himbeeressig
- 1 EL Senf (süß)
- 1 EL Zitronensaft
- 2 - 3 Prisen Pfeffer

Zubereitung:

Radicchio waschen, putzen und in mundgerechte Stücke schneiden. Weintrauben waschen.

Radicchio, Weintrauben und Mandelstifte in einer Schüssel vermengen.

Zutaten für das Dressing verrühren, über den Salat geben und diesen ca. 15 Minuten ziehen lassen.

Salat auf Teller anrichten und mit Parmesan bestreut servieren.

Rezeptidee aus „Vegetarisch für die ganze Familie"

Buchbeschreibung:
Bei „Vegetarisch für die ganze Familie" kommt, wie der Name schon verrät, jeder auf seine Kosten – egal ob Groß oder Klein.
Es wird süß, pikant, orientalisch, kohlenhydratarm und …
Rezepte, um Familie und Freunde kulinarisch zu verwöhnen. Und auch für Kinder sind leckere Gerichte dabei.
Eine Speisekarte voller Köstlichkeiten. Haben Sie jedoch keine Angst davor, kreativ zu sein und das eine oder andere Rezept je nach Geschmack zu variieren. Es heißt schließlich: Die Königin des Kochens ist die Fantasie!
Ein Muss für Freunde der vegetarischen Küche und für die, die einfach mal gerne einen fleischlosen Tag einlegen wollen.
Und als zusätzliches Extra gibt es noch einen literarischen Nachtisch.
Guten Appetit!

Taschenbuch: 180 Seiten
Verlag: Books on Demand
ISBN-13: 978-3744893442
ISBN-10: 3744893448
Auch als E-Book erhältlich!

Mairüben-Kartoffel-Eintopf

Zutaten für 2 Personen:

- 4 Mairüben
- 4 Kartoffeln
- 1 Stange Lauch
- 1 Zwiebel
- 3 EL saure Sahne
- 300 ml Gemüsebrühe
- 2 EL Butter
- ½ TL Majoran
- 2 - 3 Prisen Paprikapulver (süß)
- 1 Prise Zucker
- 2 - 3 Prisen Kräutersalz
- 2 - 3 Prisen Pfeffer

Zubereitung:

Mairüben schälen und würfeln. Kartoffeln schälen, waschen und würfeln. Lauch putzen und in Ringe schneiden. Zwiebel schälen und fein hacken.

Butter in einem Topf erhitzen und die Zwiebel darin anschwitzen.

Gemüsebrühe und Kartoffeln zufügen, aufkochen und bei mittlerer Hitze ca. 10 - 15 Minuten köcheln lassen.

Mairüben sowie saure Sahne zufügen, mit Majoran, Paprikapulver, Zucker, Kräutersalz sowie Pfeffer würzen und weitere 10 Minuten köcheln lassen.

Olivenöl aus Peloponnes

Reinstes, natürliches Olivenöl aus Griechenland - wunderbar zart und doch würzig im Geschmack

Die Menschen im Mittelmeerraum wissen es schon lange: Olivenöl ist gut für die Gesundheit. Schon immer diente es hier zur Bereicherung der täglichen Nahrung. Schon Hippokrates lehrte, Olivenöl könne viele ernste Leiden heilen.

Olivenöl ist ein aus dem Fruchtfleisch und dem Kern von Oliven gepresstes Pflanzenöl. Olivenöl ist aber nicht gleich Olivenöl. Jedes Öl hat geschmackliche Unterschiede und somit seinen individuellen Charakter, welcher durch Herkunft und Qualität der Früchte, Boden sowie Klima beeinflusst wird. Grundsätzlich kann man alle hochwertigen Olivenöle bis 180° erhitzen. Einige Olivenöle eignen sich jedoch geschmacklich besser für den puren Genuss und den Salat, andere auch für warme Speisen und zum Braten. Die geschmackliche Note eines Gerichtes ist stark abhängig von dem verwendeten Olivenöl.

Olivenöl ist nicht immer Olivenöl

Leider gibt es viel Betrug mit Olivenöl. Gerade in Supermärkten wird oft Öl angeboten, das absolut nicht den Qualitäten entspricht, die da stehen. Laufend erscheinen Artikel in der Presse, die aufdecken, was denn da so alles gepanscht wird.

Für kein anderes Öl gelten so strenge Qualitätsvorschriften wie für Olivenöl; trotzdem stößt man bei Qualitätsüberprüfungen immer wieder auf Täuschungsmanöver. Der Kauf von Olivenöl ist eine absolute Vertrauenssache, insbesondere bei teuren Qualitätsölen. Ein hochwertiges Olivenöl hat eben seinen Preis.

Lebensmittel müssen hochwertig sein - so wie das Leben selbst.

Lebensmittel sollten wertvoll sein - so wie das Leben selbst für uns wertvoll sein sollte. In der unverfälschten Natur des Peloponnes stehen und gedeihen die Olivenbäume in einem eingezäunten Olivenhain ohne Chemie und anderen unnatürlichen Zusätzen. Geerntet wird von Hand, so wie vor

Hunderten von Jahren. Nach der Mühle wird das naturtrübe Olivenöl in speziellen Olivenölkanistern nach Österreich gebracht. Hier werden sie in formschöne Flaschen gefüllt. Der Geschmack ist einzigartig und man spürt darin die Sonne, die Luft und das Meer Griechenlands.

Mehr Infos zu dem reinen, natürlichen Olivenöl aus Griechenland unter:

www.olivenoel-aus-griechenland.at

Olivenöl aus Griechenland

Peloponnes
Achaia

Autorenprofil

Britta Kummer wurde 1970 in Hagen (NRW) geboren. Heute lebt sie im schönen Ennepetal und ist gelernte Versicherungskauffrau.

Die Freude am Schreiben hat sie im Jahre 2007 entdeckt und seit dieser Zeit bestimmt es ihr Leben. Es macht ihr einfach großen Spaß, sich auf diese Art und Weise auszudrücken.

Erst wurden ihre Werke im Bekanntenkreis herumgereicht und die Resonanz darauf war sehr positiv.

Es dauerte nicht lange und schon hielt sie ihr 1. Buch "Willkommen zu Hause, Amy" in Händen. Dieses Buch wurde im Januar 2016 mit dem Daisy Book Award ausgezeichnet. Der Kärntner Lesekreis "Lesefuchs" vergibt in unregelmäßigen Abständen diese Auszeichnung für gute Kinder- und Jugendliteratur.

Weitere Informationen finden Sie unter: http://brittasbuecher.jimdofree.com/

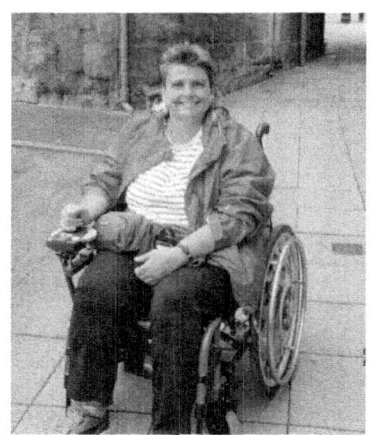

Bücher der Autorin

Nepomucks und Finns Backstube, ISBN: 978-3-7543-7358-3
Nepomuck und Finn: Mission Umweltschutz, ISBN: 978-3-7519-9747-8
Ostern mit Nepomuck und Finn, ISBN: 978-3-7504-0772-5
Weihnachten mit Nepomuck und Finn, ISBN: 978-3-7448-9014-4
Neue Abenteuer mit Nepomuck und Finn, ISBN: 978-3-7494-5428-0
Pferde erzählen, ISBN: 978-3-9611-1618-8
Zac und der geheime Auftrag, ISBN: 978-3-9611-1668-3
Willkommen zu Hause, Amy, 978-3-9611-1705-5
Die Abenteuer des kleinen Finn - eine spannende Mäusegeschichte für die ganze Familie, ISBN: 978-3-7534-9967-3
Kummers Kindergeschichten, ISBN: 978-3-7386-0100-8
Kummers Kindergeschichten 2, ISBN: 978-3-7392-3824-1
Kleine Mutmachgeschichten, ISBN: 978-3-9030-5644-2
Gedankenkarussell – Eine literarische Reise, ISBN: 978-3-7392-4553-9
Mein Leben mit MS, ISBN: 978-3-9030-5642-8
Mein Leben mit MS 2, ISBN: 978-3-9654-4078-4
Weihnachtsgeschichten … und noch mehr, ISBN: 978-3-7386-4553-8
Gut geschmiert in den Tag: Brittas und Edes Marmeladengenuss, ISBN: 978-3-7481-2597-6
Das Marmeladenbüchlein, ISBN: 978-3-9611-1212-8
Kummers süße Verführungen, ISBN: 978-3-7562-2368-8
Vegetarisches Grillvergnügen – so einfach geht's, ISBN: 978-3-7526-8395-0
Köstlich vegetarisch - Meine Lieblingsgerichte ISBN: 978-3-7519-9382-1
Vegetarisch für die ganze Familie, ISBN: 978-3-7448-9344-2
Kummers Suppentöpfchen, ISBN: 978-3-7386-1124-3
Kummers Ofengerichte, ISBN: 978-3-7431-4125-4
Kummers Schlemmerkochbuch - das etwas andere Kochbuch!, ISBN: 978-3-7534-4391-1
Vegetarische Weltreise, ISBN: 978-3-7528-3915-9
Vegetarischer Genuss - Quer Beet, ISBN: 978-3-7481-6766-2
Vegetarisch für Jedermann [Kindle Edition], ASIN: B079YGP512
LIES MICH ! - Leseproben aus tollen Kinderbüchern [Kindle Edition], ASIN: B096YZ5VDN

Danke

Der größte Dank geht an meine Eltern, weil sie immer für mich der Fels in der Brandung sind und mir helfen, all meine Höhen und Tiefen zu überwinden.

An meine Freunde, die immer da sind, wenn ich mal eine starke Schulter zum Anlehnen, zum Zuhören, zum Trösten, zum Weinen, aber auch zum Lachen, brauche.

An meine Autorenfreunde
Heidi Dahlsen
http://autorin-heidi-dahlsen.jimdofree.com/

Christine Erdiç
http://christineerdic.jimdofree.com/
http://literatur-reisetipps.blogspot.de/

für ihre kreative Unterstützung, unermüdliche Hilfe
und dass sie mir immer mit Rat und Tat zur Seite stehen.

Buchstabensüppchen

Im Buchstabensüppchen trifft Literatur auf Genuss.

Interessante Buchtipps und Leseproben machen Spaß auf mehr.

Schmackhafte Rezeptideen laden zum Nachkochen ein.

Viel Vergnügen beim Stöbern.

http://buchstabensueppchen.jimdofree.com/

GUTEN APPETIT

Bon Appétit

Vel Bekomme

Enjoy Your Meal

Buen Provecho

Bom Proveito

Buon Appetito

Afiyet Olsun